dtv

Ein Kind lehnt am Fenster, neben ihm, auf dem Fensterbrett, sitzt eine Katze. Sie ist die erste in seinem Leben. Das Fenster ist eines von vielen, aus denen es schauen wird, doch hier erwacht sein Bewusstsein. Peter Henisch nimmt uns mit in seine Kindheit im Wien der Nachkriegszeit. Dass es zu verträumt sei, hört das Kind nicht selten. Aber gerade das Träumen ist eine Eigenschaft, die sich der große Erzähler Peter Henisch bewahrt hat, und bis heute ist er auch ein Katzenfreund geblieben. Die Katzen, die sein Leben begleitet haben, und die Fenster, aus denen er die Welt betrachtet hat, bilden den Rahmen für diese beeindruckende Lebensgeschichte, in der Peter Henisch kunstvoll seine eigene Biographie mit Zeitgeschichte verknüpft.

Peter Henisch wurde 1943 in Wien geboren, er studierte Germanistik, Philosophie, Geschichte und Psychologie. Er ist Mitbegründer der Zeitschrift ›Wespennest‹, seit 1971 arbeitet er als freier Schriftsteller und lebt in Wien. Henisch erhielt zahlreiche Preise und Auszeichnungen, darunter den Österreichischen Kunstpreis für Literatur und das Österreichische Ehrenkreuz für Wissenschaft und Kunst 1. Klasse. ›Suchbild mit Katze‹ stand auf der Shortlist zum Österreichischen Buchpreis. Zuletzt veröffentlichte Peter Henisch den Roman ›Siebeneinhalb Leben‹.

Peter Henisch

Suchbild mit Katze

Roman

dtv

Von Peter Henisch ist bei dtv außerdem lieferbar:
Die schwangere Madonna (13591)
Die kleine Figur meines Vaters (13673)
Eine sehr kleine Frau (13866)
Schwarzer Peter (13975)
Der verirrte Messias (14111)

MIX
Papier aus verantwortungsvollen Quellen
FSC® C019821

2019 dtv Verlagsgesellschaft mbH & Co. KG, München
Lizenzausgabe mit Genehmigung des Paul Zsolnay Verlags Wien

Umschlaggestaltung: Wildes Blut,
Atelier für Gestaltung, Stephanie Weischer
unter Verwendung eines Fotos von Getty Images
Satz: C.H.Beck.Media.Solutions, Nördlingen
(Satz nach einer Vorlage von Deuticke)
Druck und Bindung: Druckerei C.H.Beck, Nördlingen
Gedruckt auf säurefreiem, chlorfrei gebleichtem Papier
Printed in Germany · ISBN 978-3-423-14688-3

für uns

I

DAS EINBAHNSCHILD auf der anderen Seite der Straße. Jeden Morgen, wenn ich das Fenster öffne, sehe ich dieses Einbahnschild. Auf blauem Grund ein weißer Pfeil mit schwarzer Schrift. Der Pfeil weist in die Richtung, in der es abwärts geht.

Nicht *steil* abwärts geht es in dieser Richtung, aber abwärts. Noch hundert Meter, dann ist die Gasse zu Ende. Sie endet nicht als Sackgasse, sie endet ganz einfach an der Währinger Straße. Davor ist ein Stoppschild, das ich aber nur sehen kann, wenn ich mich sehr weit aus dem Fenster beuge.

Was ich nicht sollte. Die Operationsnarben sind noch recht empfindlich. Ich muss das Stoppschild auch gar nicht sehen, ich kann es mir vorstellen. Weiß auf Rot. STOP, signalisiert es. Und wenn schon. Das geht mich eigentlich gar nichts an. Ich bin kein Autofahrer.

Eben. Ich muss ja gar nicht in der durch das Einbahnzeichen signalisierten Richtung denken. Ich will lieber aufwärts, in die andere Richtung. Da geht es sanft bergan, bis zur Kreuzgasse und darüber hinaus. Und dann, jenseits der Anhöhe, hinter der an manchen Abenden eine sehr rote Sonne versinkt, sollte, wenn es nach mir ginge, das Meer sein.

Wie wir damals das Meer suchten, Eva und ich. Sie hatte das Auto, den alten Renault, von der Landstraße auf einen Feldweg gelenkt. Und dann, als es immer holpriger wurde, geparkt. Am Rand des Feldes. Standen da Maiskolben oder Sonnenblumen?

Wir ließen den Wagen stehen und gingen zu Fuß weiter. Das Meer, von dem wir, noch von der Landstraße aus, einen Streifen gesehen zu haben glaubten, musste bald vor uns auftauchen. Zwar hatte sich die Richtung, in der uns der Feldweg führte, nach ein paar hundert Schritten ein wenig geändert, sodass nun eine Hügelkette die Sicht auf den blauen Streifen verstellte. Aber es war eine niedrige Hügelkette, und es konnte nicht lang dauern, bis wir das Meer wieder sehen würden.

So gingen wir weiter, und tatsächlich: nach einer Weile *sahen* wir das Meer wieder. Aber der Weg änderte seine Richtung noch mehrere Male. Manchmal sahen wir das Meer oder was wir dafür hielten, dann sahen wir es wieder nicht. Es kann aber nicht mehr weit sein, sagten wir zueinander, wir werden schon hinkommen.

Von einem Moment auf den anderen wird sich der Blick auftun, das Meer wird vor uns liegen, sagten wir zueinander. Allerdings bekamen wir nach und nach Durst. Hatten wir noch eine Flasche Mineralwasser im Auto? Ich glaube schon. Aber die mitzunehmen, auf den, wie wir gemeint hatten, kurzen Weg zum Meer, daran hatten wir nicht gedacht.

Und dann diese Frau, die einen Krug auf dem Kopf trug. Eine schlanke Frau, mit sehr aufrechtem Gang. Trug einen Krug auf dem Kopf oder eine Amphore. Vermutlich aus Ton, jedenfalls im selben Farbton wie die Erde unter ihren Füßen.

Eine große Frau in einem langen schwarzen Kleid. Oder war das Kleid blau? Wenn es blau war, war es dunkelblau. Dieses Kleid, das in unserer Erinnerung im Wind weht. Wie auch ihr Haar. Dieses lange schwarze Haar, sagt Eva.

Aber war das Haar nicht vom Kopftuch bedeckt? Dass sie ein Kopftuch trug, ist doch sehr wahrscheinlich. Trotzdem, sagt Eva. Sie erinnert sich an langes schwarzes Haar. Langes schwarzes Haar, vielleicht ein paar graue Strähnen.

Diese Frau – warum haben wir sie nicht angesprochen? Sehr aufrecht unter dem Krug ging sie an uns vorbei. Allerdings, so scheint es mir jetzt, in einer gewissen Entfernung. Wir hätten sie nicht einfach ansprechen können, wir hätten rufen müssen.

Und wahrscheinlich waren wir uns gar nicht sicher, ob sie echt war. Eine Frau aus Fleisch und Blut unter dem langen, im Wind wehenden Kleid, oder eine Erscheinung …

Aber das Meer … Haben wir das Meer dann noch gefunden? Nein. Letzten Endes waren wir froh, dass wir das Auto wieder gefunden haben.

Das blaue Einbahnschild auf seiner grauen Stange. Wenn die Sonne scheint, wandert sein Schatten vom Gehsteig auf die Straße. Die Straße vor dem ebenerdigen Fenster, an dem ich stehe. Geflickter, gefleckter Asphalt und zwei Sorten Pflaster.

Gegen elf Uhr Vormittag erreicht der Schatten das Kanalgitter. Unter dem Gitter fließt ein eingesperrter Bach. Domestiziert. Zum Abwasserkanal erniedrigt. Aber manchmal hört man ihn trotzdem noch plätschern.

Wenn schon kein Meer jenseits der Kreuzgasse, so immerhin ein Bach im Untergrund. Angeblich gibt es unter der Oberfläche dieses Bezirks viele Bäche. Die Vorstellung, am Ufer eines plätschernden Bachs zu wohnen … Das hier muss eine nette Gegend gewesen sein.

Ich steh am Fenster und schau hinaus auf die Straße. Große Pflastersteine und kleine. Katzenkopfpflaster. Zwanzig Meter Katzenkopfpflaster, damit die Autos nicht zu schnell fahren. Die trotzdem zu schnell fahren, rumpeln über die Schwelle.

All die Fenster, aus denen ich schon geschaut habe. Nicht ganz wenige im Lauf eines Lebens. Die meisten in Wien und Umgebung, ein paar auch woanders. Fenster mit Blick ins Grüne oder ins Graue, Fenster mit und ohne Meerblick.

Das Fenster, das mir zuallererst einfällt, ist aber das Erkerfenster im dritten Bezirk.

Adresse: Wien III, Keinergasse 11, Ecke Hainburger Straße. Dort war die Wohnung, in der mein Bewusstsein erwacht ist. Was früher war, in meinen ersten zwei, drei Jahren, ist sehr dunkel.

Zuerst, als die Bomben auf Wien fielen, soll ich mit meiner Mutter in Gmünd gewesen sein, oben im Waldviertel. Dann haben wir eine Zeitlang bei meiner Großmutter gewohnt, in der Nähe des Naschmarkts. Auch das weiß ich eher aus Erzählungen als aus meiner eigenen Erinnerung. Zwar gibt es ein paar Bilder, die manchmal in meinen Träumen auftauchen, doch das ist ein Film mit vielen schwarzen Kadern.

In dieser Erinnerung aber ist es recht hell: Ich stehe, nein, ich knie am Erkerfenster. Auf einem Sessel knie ich, den mir meine Mutter in den Erker gestellt hat. Und wahrscheinlich hat sie mir noch einen Polster auf den Sessel gelegt.

Der Erker, ein kleiner, wie für mich gemachter Raum. An einer Ecke unseres sogenannten großen Zimmers. Es ist nicht wirklich groß, dieses Zimmer, aber es ist unser größtes. Eigentlich ist es das einzige Zimmer, sonst gibt es in unserer Wohnung nur das Vorzimmer, die Küche, und das Kabinett.

Die Wohnung, die ich mit meinen Eltern und der Katze bewohne, gilt als Zweizimmerwohnung. Doch das zweite Zimmer gibt es nicht mehr. Dieses Zimmer, heißt es, ist abgestürzt. Das soll in den letzten Kriegstagen geschehen sein oder vielleicht sogar schon in den ersten Tagen nach Ende des Krieges: es war eine stürmische Nacht, das durch den Bombentreffer, der das Nebenhaus zerstört hat, erschütterte Mauerwerk hat nachgegeben, die Balken haben nicht mehr getragen – aber da haben noch andere Leute hier gewohnt.

Am Erkerfenster knie ich also, auf dem Sessel, den mir meine Mutter dorthin gestellt hat. Auf einem Polster, damit mir die Knie nicht wehtun oder damit ich gerade in richtiger Höhe ans Fensterbett hinaufreiche. Die Ellbogen aufs Fensterbrett gestützt, das Kinn in die Hände geschmiegt. Und schau hinaus oder, genauer, hinunter – wir wohnen im Mezzanin, wie man das damals noch nennt, also im Halbstock, das ist nicht sehr hoch, aber doch eine andere Perspektive als aus dem Parterre.

Die Katze, schwarz bis auf den weißen Fleck auf der Brust, sitzt neben mir auf dem Fensterbrett, manchmal spüre ich ihre Schnurrhaare an meiner Wange. Wir überblicken den sandigen Platz vor dem Haus, der die Hainburger Straße unterbricht. Links reicht das Straßenpflaster noch bis an die Ecke mit einem Gasthaus, dessen Namen ich vergessen habe, auf der einen und der Wäscherei *Schwan*, über deren Tür tatsächlich ein Schild hängt, das einen Schwan darstellt, auf der anderen Seite. Rechts fängt das Straßenpflaster erst wieder auf der Höhe des *Capitol-Kinos* an, einem Gebäude mit flachem Dach, auf dem die Tauben spazieren gehen.

Vor dem Erkerfenster ist ein Blechsims, das vor dem Krieg bis zu den Fenstern des nächsten Zimmers gereicht haben muss. Dem Zimmer, das abgestürzt ist, einfach hinunter in die Schutthalde. Damit ist auch ein Stück vom Sims weggebrochen, gegen sein nunmehriges Ende zu wird es immer abschüssiger. Aber ich soll mich nicht zu weit hinausbeugen.

Es gibt ja genug zu sehen, wenn ich geradeaus schaue. Über den sandigen Platz, der sich damals fast bis zur Erdbergstraße erstreckt. Schneisen in den Häuserzeilen, Schutthaufen, die beinahe schon so aussehen, als ob sie von Natur aus hierher gehörten. Durchblicke bis zur Schule, in die ich ein, zwei Jahre später gehen werde.

Es scheint Sommer zu sein in dieser Erinnerung, denn ich sehe Kinder, die meisten barfuß, auf den Schutthügeln, zwischen blühendem Unkraut, Verstecken spielen. Ein Mädchen muss »einschauen«, das heißt, es steht mit vor die Augen gehaltenen Händen in einer Ecke und zählt bis zehn. Inzwischen rennen die anderen, um sich zu verstecken. Bis fünf hat das Mädchen langsam gezählt, aber dann, ab sechs, zählt es immer schneller, sieben acht neun zehn: ich schau!, und wahrscheinlich hat es schon vorher zwischen den nicht ganz dicht aneinandergepressten Fingern durchgespäht, denn es läuft sehr zielstrebig Richtung Streusandkiste, hinter die sich einer der Buben geduckt hat.

Nicht nur Kinder sehe ich da unten, sondern auch Erwachsene, natürlich. Die meisten Frauen, auch die jungen, tragen Kopftücher, die meisten Männer tragen Hüte und sehen alt aus. Manche gehen auf Krücken, weil sie ein Bein *verloren haben,* wie man die Tatsache, dass es ihnen weggerissen wurde oder, weil heillos kaputtgeschossen, amputiert werden musste, damals umschreibt, das Hosenbein, in dem das zweite fehlt, ist dann bis zum Knie oder bis an die Hüfte aufgesteckt. Auch Männer mit dunklen Brillen sehe ich, und die tragen diese Brillen, weil sie blind sind – später, als die Sonnenbrillen in Mode kamen, brauchte es lange, bis ich mich daran gewöhnt hatte, dass die Menschen, die ihre Augen hinter dunklen Gläsern versteckten, trotzdem im glücklichen Besitz ihres Augenlichts waren.

Straßenverkehr? Nein, Straßenverkehr gibt es hier Ende der 1940er Jahre kaum. Im Zentrum, ja, *in der Stadt,* wie man sagt, dort schon. Im ersten Bezirk, in dem die Fahrzeuge aller vier Besatzungsmächte deren Anwesenheit demonstrieren. Aber das ist ein anderer Teil der Welt.

Kein Straßenverkehr also. Jedenfalls so gut wie kein Autoverkehr. Pferdefuhrwerke. Zuallererst der Milchwagen. Früh am Morgen, wenn es draußen noch dämmert. Da liege ich noch im Bett, das höre ich im Halbschlaf; das Getrappel der Pferdehufe hat etwas Trautes.

Der Bierwagen kommt nicht jeden Tag, doch wenn er kommt, ist es meistens am Vormittag. Also zu einer Zeit, zu der ich bereits auf meinem Platz am Erkerfenster wache.

Gezogen wird er von stämmigen Haflingerpferden, denen das zottige Fell hübsch über die Hufe hängt. Von der Erdbergstraße her fährt er quer über den Platz, der Kutscher erwartet keinen Gegenverkehr. Dann, bei der Wäscherei, biegt er kurz in die Hainburger Straße ein. Und nun kommt das Wendemanöver, bei dem ich den Wagen vorerst von hinten sehe, mit all den Fässern, die auf der Ladefläche gestapelt liegen und rätselhafter Weise nicht hinunter auf die Straße rollen. Und jetzt sehe ich den Wagen wieder von vorn, sehe, wie der Kutscher kurz an den Zügeln zieht, mit einem lauten Brrr!, das seinen gelblichen Schnauzbart zum Zittern bringt und bedeutet, dass die Pferde nun halten sollen, sodass der Wagen längs des Gehsteigs neben dem Gasthaus zu stehen kommt.

Der *Spritzwagen* ist das einzige motorisierte Fahrzeug, das in diesen frühen Erinnerungen an den Blick aus dem Erkerfenster auftaucht. Der kommt im Sommer, und jetzt sehe ich wieder die Kinder, die da unten auf dem Platz Verstecken spielen oder Räuber und Gendarm. Wenn der Spritzwagen kommt, ein Lastauto mit einer großen Wassertonne, aus deren Ventilen Wasser in glitzernden Fontänen auf die Straße sprüht und den trockenen Sand befeuchtet, laufen sie johlend hinterher. Sie lassen sich anspritzen, und es macht ihnen nichts, oder es macht ihnen sogar Vergnügen, wenn die Turnhosen oder die leichten Kleider, die sie tragen, dann nass werden und sich an den Körper anlegen, sodass man gewisse Konturen darunter ahnt.

Ist Friedi dabei? Da bin ich mir nicht ganz sicher. Doch so viel ist gewiss, dass sie sehr gut in dieses Bild passen würde. Friedi, die auch hinter dem Spritzwagen hergelaufen wäre.

In ihrem kurzen (grünen?) Kleid, das auch ein paar Spritzer Wasser abbekommen hätte.

Friedi, die Tochter der Hausmeisterin, der Frau Neubauer. Wie sie quer über den Platz zurück zu unserem Haus läuft. Jetzt bleibt sie stehen, vielleicht weil sie meinen Blick spürt oder ganz einfach, weil sie mich am Fenster sieht. Und wendet mir kurz ihr rundes Gesicht zu, verschmitzt, bevor sie um die Ecke verschwindet.

Die Katze steht auf und unternimmt einen Ausflug aufs Sims. Das macht sie öfter. Sie kann das. Sie ist geschickt. Behutsam setzt sie eine Pfote vor die andere. Sie will die Tauben auf dem Dach des *Capitol-Kinos* aus etwas geringerer Distanz sehen.

Dann sitzt sie da draußen auf diesem extremen Beobachterposten. Ganz Aufmerksamkeit. Ihre Augen spähen. Ihre Ohren lauschen. Völlig fixiert auf das Treiben der Vögel dort drüben. Dabei gerät ihr Unterkiefer in vibrierende Bewegung.

Nach und nach wird diese Bewegung von einem leisen Schnattern begleitet. Das klingt dann fast, als wäre die Katze empört. Aber wahrscheinlich signalisiert dieses Schnattern eher eine gewisse Erregung. Eine durch diese blöden Vögel jenseits der Straße angeregte Jagdlust, die sich nicht unmittelbar befriedigen lässt.

Nein, so denke ich natürlich noch nicht in diesem Alter. Obwohl ich, glaube ich, einiges davon spüre. Ich will nicht behaupten, dass ich mich total ins Fell der Katze versetzen kann. Aber ich fühle mich der Katze, auch wenn sie jetzt einige Meter entfernt von mir sitzt, sehr nah.

Von einem Kind, das gern eine Katze sein wollte. Das heißt, ein Kater. Denn es handelt sich um ein Kind männlichen Geschlechts. Peter. Oder soll ich den kleinen Buben, der am Fenster steht oder kniet, lieber Paul nennen? Peter oder Paul, der sich der Katze, mit der er aus dem Fenster schaut, sehr nahe fühlt.

Fast verwandtschaftlich nahe. Manchmal träumt er, die Katze ist seine Schwester. Sie sind miteinander im Katzenkorb gelegen. Oder war das bloß eine Schachtel, in die ein paar Stofffetzen gebreitet waren? Egal. Es war schön und warm und weich da drinnen.

Besonders warm und weich war die Katzenmutter, die ihnen damals sehr groß vorgekommen ist. Die große Katze, an die man sich schmiegen konnte. Es muss allerdings noch ein paar andere Geschwister gegeben haben. Manchmal war ein wildes Gerangel um die Zitzen.

Dann aber, wenn sie satt und von süßer Milch fast betrunken waren, war alles gut. Die Erinnerung an gemeinsames Schnurren. Das war fast das Schönste. Der Höhepunkt dieser Träume. Aus solchen Träumen wieder aufzuwachen war beinah schade.

Die Tauben benehmen sich übrigens wirklich komisch. Der Eifer, mit dem die Männchen hinter den Weibchen herlaufen … Denen das vorerst, so sieht es jedenfalls aus, nichts als lästig ist … Weshalb sie mit ihren kleinen Füßen immer schneller und schneller trippeln und manchmal unversehens die Richtung ändern, aber nur selten flattern sie auf und davon.

Ja, so ist das auf der Welt!, sagt meine Mutter. Meine Mama, die plötzlich hinter mir steht. Ich habe sie gar nicht ins Zimmer kommen gehört. Aber jetzt ist sie da und streichelt mir übers Haar.

Die Katze, sagt sie, soll nicht so weit hinaus aufs Sims gehen. Murli!, ruft sie. Herein mit dir! Aber schnell! Und die Katze folgt, wenn auch – so sieht es aus, weil das Vibrieren des Unterkiefers und das damit verbundene Schnattern nicht so ohne weiteres abklingt – unter Protest. Na also!, sagt meine Mutter und macht das Fenster zu.

Die Alternative ist das Küchenfenster. Da schauen die Katze und ich hinaus in den Hof. Das ist ein Hof mit Teppichklopfstange und Abfallkübeln. Begrenzt von einer Mauer aus ehemals roten, im Lauf der Zeit grau gewordenen Ziegeln.

Da unten ist es meistens ein bisschen feucht. Man spürt das, die Feuchtigkeit und ein leicht modriger Geruch steigen bis zu uns herauf. In den Winkeln wächst Moos, in einer Ecke wuchern Brennnesseln. Aber die Hausmeisterin wird sich hüten, sie zu jäten – wenn man sie kocht, sind sie fast so gut wie Spinat, und wenn man sie trocknet, kann man sie als Kaffeeersatz verwenden.

Manchmal tauchen im Hof unten interessante Leute auf. Zum Beispiel der dürre alte Mann, der Lumpen und Knochen sammelt, die er in einem Leiterwagen hinter sich herzieht. *Fetzen, Bana* (Gebeine), ruft er, und deswegen heißt er auch so: *der Fetzenbana*. So etwas wie die Wegwerfgesellschaft kann man sich damals noch nicht vorstellen: selbst zur Herstellung von Suppe bereits mehrmals ausgekochte Knochen und fadenscheinigste Stoffreste lassen sich noch verwerten.

Und der Scherenschleifer kommt öfter vorbei. Auch er

meldet sein Eintreffen durch einen charakteristischen Singsang. Der Scherenschleifer ist da!, singt er mit gutturaler Stimme, während er sein Arbeitsgerät, einen zwischen zwei Eisenklammern fixierten Schleifstein, an einer Stelle aufbaut, an der das Pflaster da unten möglichst wenige Buckel hat. Merkwürdigerweise nennt man ihn den *Scheren*schleifer, obwohl er doch auch und vor allem *Messer* schleift: Wenn er den Schleifstein durch ein Pedal, das er mit dem Fuß betätigt, in rasche, vom Schleifgeräusch begleitete Bewegung bringt, springen die Funken.

Und dann die Musikanten: Zum Beispiel der grauhaarige Mann mit der Ziehharmonika. Der spielt und singt Lieder, deren Text ich halbwegs verstehe. Von Matrosen oder Soldaten, die sich irgendwo in der Fremde nach der Heimat sehnen. Oder von einer Frau namens Lili Marleen, die vor oder hinter einer Kaserne unter einer Laterne steht.

Es kommen aber auch welche vorbei, die in einer fremden Sprache singen. Begleitet von Instrumenten, die eher anderswo heimisch sind. Dass ich nicht verstehe, was sie singen, gefällt mir erst recht. Und dass eine Frau dabei ist, die tanzt und mit an Armbändern und Fußkettchen befestigten Glöckchen klingelt.

Für die Musikanten gibt mir meine Mutter ein paar Groschen, die sie fest in Zeitungspapier einwickelt. Die darf ich dann in den Hof hinunterwerfen. Der Ziehharmonikaspieler bedankt sich, indem er den Hut abnimmt und seine von einem grauen Haarkranz umrahmte Glatze glänzen lässt. Die Tänzerin wirft den Kopf in den Nacken und lächelt mit einem Mund, in dem ein paar Vorderzähne fehlen.

Friedi und mir fehlen auch je zwei Vorderzähne. Aber das ist etwas anderes. Das sind die Milchzähne. Danach kommen erst die richtigen Zähne, heißt es. Bei der dunkelhaarigen Tänzerin hingegen werden keine Zähne mehr nachwachsen.

Friedi: die Tochter der Hausmeisterin, der Frau Neubauer. Ein Mädchen mit munteren Augen und runden Wangen. Ihre Mutter, die Frau Neubauer, habe ich eher hager in Erinnerung. Die Wohnung der Familie Neubauer liegt der unseren genau gegenüber, auf der anderen Seite des Hofs – wenn ich am Küchenfenster lehne, sehe ich die Frau Neubauer manchmal in ihrer Küche werken.

Die Frau Neubauer: hager und *abgehärmt*. Das ist ein Wort, das meine Eltern verwenden, wenn sie, meist mit verhaltenen Stimmen, von ihr reden. Die arme Frau, sie hat es bestimmt nicht leicht! Mit den zwei Kindern (Friedi und ihrem großen Bruder Otti) und dem Mann, der immer wieder arbeitslos ist, weil er trinkt, oder immer wieder trinkt, weil er schon wieder arbeitslos ist – ein Jammer!

Allerdings hat die Frau Neubauer schöne Haare. Jetzt sehe ich, wie sie das Kopftuch abstreift und sich mit dem Unterarm den Schweiß abwischt. Fast kupferrote Haare hat sie, heute würde das als attraktiv gelten. Doch damals sind rote Haare noch etwas, das man lieber versteckt, und die Frau Neubauer, nachdem sie sich den Schweiß abgewischt hat, bedeckt ihre Haare auch gleich wieder, sei es, weil es sich so gehört, sei es, weil sie diese nicht nur ungewöhnlich roten, sondern auch ungewöhnlich langen Haare nicht dem Kochdunst aussetzen mag.

Wenn ich am Küchenfenster lehne und zur Wohnung der Neubauers hinüberschaue, sehe ich aber die rothaarige Frau

Neubauer nur nebenbei. Da will ich natürlich vor allem Friedi sehen. Und die taucht ja auch öfter am gegenüberliegenden Fenster auf. Sie schaut womöglich ebenso gern zu mir herüber, wie ich zu ihr hinüber.

Aber gewiss will sie auch die Katze sehen. Murli, die Schwarze mit dem weißen Fleck auf der Brust. In dem Moment, der mir nun sehr gegenwärtig scheint, obwohl er schon so lang vergangen ist, sitzt sie mit geschlossenen, allenfalls blinzelnden Augen neben mir. Unten im Hof gibt es Ratten, die da manchmal recht ungeniert hin und her laufen, doch in diesem schönen Augenblick kümmert sich die Katze nicht um die Ratten im Schatten: sie sonnt sich.

Ja, sie sonnt sich, die Katze, ihr Fell, das ich streichle, ist warm und duftet. Der Hof liegt zwar meistens im Schatten, doch auf unseren Fensterplatz fallen am späten Vormittag oder am frühen Nachmittag ein paar Sonnenstrahlen. Für eine knappe halbe Stunde gibt es sogar unten, vor den vergitterten Kellerfenstern, sonnige Stellen. Dann kommen die Ratten, denen das auch gefällt, noch lieber ans Licht.

Die Ratten spielen. Aber vielleicht ist es nicht nur ein Spiel, das sie treiben. Ich bin vier oder fünf, womöglich bin ich sogar schon fast sechs, ich habe gewisse Ahnungen. Frau Neubauer hat Rattengift gestreut, aber anscheinend hat seine Wirkung schon nachgelassen. Die Ratten vermehren sich, heißt es, so schnell kannst du gar nicht schauen.

Otti, Friedis großer Bruder, der seiner Schwester gar nicht ähnlich sieht, Otti mit dem langen, von Pickeln entstellten Gesicht, erschlägt die Ratten mit Ziegelsteinen. Neben dem Fenster, aus dem sie hervorkommen, drückt er sich an die Wand und lauert. Dann gibt es Blutflecken, die seine

Mutter später wegwaschen muss. Doch Otti, der schon vierzehn oder fünfzehn ist und nicht mehr in die Schule, sondern bereits in die Lehre geht, kommt erst am Abend.

Friedi und ich, wir verstehen uns gut, auch ohne Worte. Von Fenster zu Fenster unterhalten wir uns in der Zeichensprache. Kommst du zu mir herüber, frage ich. Ich weiß nicht, ob ich das darf, antwortet sie. Aber warum denn nicht? Sie zuckt mit den Schultern.

Vielleicht ist es der Frau Neubauer nicht ganz recht, wenn ihre Tochter zu oft zu uns kommt. Womöglich ist es ihr peinlich, dass meine Mutter glaubt, sie muss ihr etwas zu essen anbieten. Ein Butterbrot oder gar ein mit zwei dünnen Wursträdern belegtes Brot. Als ob das Margarinebrot, das Friedi daheim bekommt, nicht gut genug wäre.

Vielleicht gibt es allerdings noch einen anderen Grund für die Zurückhaltung der Frau Neubauer. Wer immer bei uns zu Besuch kommt, sieht gleich im Vorzimmer ein paar gerahmte Fotos. Damit präsentiert sich mein Papa, der Fotograf, Besuchern und Kunden. Fotos sind das, auf die er besonders stolz ist.

Fotos, die auf Titelblättern von Illustrierten erschienen sind. Zum Beispiel das, auf dem die ersten Aufräumarbeiten unter dem in den letzten Kriegstagen eingestürzten Dachstuhl des Stephansdoms zu sehen sind. Interessante Perspektive: unten die Menschen, die zupacken, Männer und Frauen, entschlossen, die Trümmer wegzuräumen … Oben die paar übrig gebliebenen, angesengten Dachbalken, durch die man den rauchgeschwärzten Turm und ein Stück hellen Himmel sieht.

Und natürlich die Fotos mit den Szenen von der Ankunft

des ersten großen Heimkehrertransports aus Russland. In der Gefangenschaft abgemagerte, hohlwangige Männer, die sich weit aus den Fenstern eines Eisenbahnwaggons beugen, um die Hände zu ergreifen, die sich ihnen entgegenstrecken … Hände von Frauen, Müttern, alten Vätern und Freunden, die jahrelang bang auf sie gewartet haben … Hände von Kindern, die sie vielleicht in diesem Augenblick zum ersten Mal zu Gesicht bekommen.

Solche Fotos hängen in unserem Vorzimmer. Aber da hängen auch ein paar andere Bilder. Mein Vater versteht sich damals, in jenen frühen Nachkriegsjahren, nicht nur als Pressefotograf, sondern auch als Porträtfotograf und nicht zuletzt als *künstlerischer* Fotograf. Daher hängen in unserem Vorzimmer auch einige Porträtfotos (von meiner Mutter retuschiert, die den Damen und Herren, die da, meist lächelnd, in die Kamera schauen, Glanzlichter in die Augen tupft, die dort in Wirklichkeit nie schimmern), und – ja eben! – einige große Aktfotos.

Vor denen stand Friedi mit offenem Mund, als sie das erste Mal bei uns zu Besuch war.

Ja, sagte ich nonchalant. Das sind die Aktbilder.

Nacktbilder, sagte sie.

Nein, Aktbilder, sagte ich. Man sagt nicht Nacktbilder, sondern Aktbilder, weil das Kunst ist.

Und die hat dein Papa gemacht?

Ja, sagte ich, die hat mein Papa selbst aufgenommen.

Ein Papa, auf den ich stolz bin – wenn er ein paar Scheinwerfer aufstellt und durch die auf einem dreibeinigen Stativ montierte Kamera schaut, bringt er die Damen dazu, sich vor ihm auszuziehen. Und die schauen zwar etwas verschämt hinunter auf den Parkettboden unseres großen

Zimmers oder halten den Kopf wenigstens so, dass ein Teil ihres Gesichts nicht im Licht ist, sondern im Schatten bleibt. Aber vor meinem Vater, der eben ein Fotograf ist, genieren sie sich nicht wirklich.

Hatte Friedi ihrer Mama, der Frau Neubauer, von diesen Fotos erzählt? War sie dazu nicht zu verlegen gewesen? Vielleicht hatte sie nicht gleich davon erzählt, nicht, als sie vom ersten Besuch bei uns zurückgekommen war. Doch irgendwann nach dem zweiten oder dritten Besuch, bei dem sie immer noch nicht einfach an den Nackt- oder Aktbildern vorbeigehen konnte, ohne sich mehrere Male nach ihnen umzudrehen, ist es ihr womöglich herausgerutscht, vielleicht wollte sie auch ausprobieren, wie ihre Mutter darauf reagiert – und das hatten wir nun davon.

Auf die Gasse hinunter darf Friedi jedenfalls eher als zu uns herüber. Aber *auf die Gasse* darf wiederum ich nicht so ohne weiteres. Soll ich ein *Gassenbub* werden? Nein. Soll ich nicht. Die Gassenbuben sprechen nicht nach der Schrift und werfen mit Steinen.

Jetzt ist Friedi aus ihrem Fenster verschwunden. Darf sie herüberkommen oder darf sie nicht? Ich höre die Stimme der Frau Neubauer, die irgendwas zu ihr sagt, das ich aus der Distanz all der Jahre nicht mehr verstehe. Aber der Ton, in dem sie es sagt, verheißt nichts Gutes.

Ich warte noch eine Weile, möglicherweise hab ich mich ja verhört, und gleich wird meine kleine Freundin, die vielleicht nur ihre Schuhe anziehen soll, wenn sie zu uns auf Besuch kommt, über den Gang laufen und klingeln. Aber nein. Dort drüben geht keine Tür auf und zu. Und sosehr ich auch lausche: auf dem Gang sind keine Friedi-Schritte zu hören. Prompt verschwindet auch die Sonne hinter irgendeinem Schornstein.

Hier scheint noch immer die Sonne zum Fenster herein. Sie wirft einen warmen Lichtfleck auf den Parkettboden. In diesem warmen Lichtfleck streckt sich die Katze. Ihr in der Sonne glänzendes Fell ist nicht schwarz, sondern dreifarbig.

Ein Menschenalter seit damals, als ich ein Kind war. Wie viele Katzenjahre seit der Schwarzen von damals? Dass schwarze Katzen Unglück bringen, ist ein Vorurteil. Dass dreifarbige Katzen Glück bringen, will ich gern glauben.

Die hier haben wir Mimí genannt. Sie ist uns zugelaufen. So kommt das Glück. Genau genommen ist sie uns nicht zugelaufen, sondern sie ist manchmal bei uns vorbeigekommen. Die dreifarbige Katze, die ab und zu im Innenhof aufgetaucht ist.

Das war in dem Sommer, in dem ich diese Wohnung zuerst einmal probeweise bewohnt habe. Um zu testen, wie es sich hier lebt und schreibt. Was das Schreiben betraf, ging es jedenfalls gut. Ich stand am Küchenfenster, das ein breites Fensterbrett hat, schaute hinaus in den Hof, über den der Kastanienbaum damals noch hoch hinauswachsen durfte, und tippte auf dem Laptop.

Und da kam die Katze über die Mauer. Das heißt, ich sah sie zuerst auf der Mauerkrone. Wie sie eine Pfote vor die andere setzte, ihrer selbst und ihrer Balance sicher. Und wie sie gekonnt den Stamm des Maulbeerbaums benutzte, der an die Mauer gelehnt steht, um in den Hof hinunter zu kommen, zwei Sprünge mit einer kurzen Zwischenlandung auf einem günstig gewachsenen Ast, und schon war sie unten, auf diesem Terrain, das sie offenbar gut kannte, denn sie bewegte sich darauf mit unbefangener Selbstverständlichkeit.

Das ist nun schon wieder beinahe zehn Jahre her. Jetzt ist sie auch nicht mehr die Jüngste, Mimí. Aber sie benimmt sich wie ein junges Ding. Sie weiß, was gut ankommt bei Menschen, die Katzen mögen.

Oder liegt sie nur so entspannt, halb auf dem Rücken, weil sie sich wohlfühlt und weil es ihr so gefällt? Und wir dichten ihr die Koketterie, die wir dahinter vermuten, bloß an?

Nein, sie blinzelt. Sie wartet, dass ich sie streichle. Und ich beuge mich zu ihr nieder, nein, ich knie neben ihr nieder, obwohl mir das in meinem gegenwärtigen Zustand gar nicht leichtfällt, und streichle sie, streichle sie vom Kopf am Rückgrat entlang bis an die Schwanzspitze, streichle sie unter dem Kinn und auf dem Bauch, wo sich ihre Haare immer noch anfühlen wie Flaumfedern.

Damals, als ich Mimí zum ersten Mal sah. Sie hieß noch nicht so. Für mich war sie noch eine Katze ohne Namen. Frau M., die in der Wohnung auf der anderen Hofseite wohnt, Frau M., die Pianistin, die ihr und den anderen Katzen, die gern bei ihr vorbeikamen, Schalen mit Futter und Wasser vor die Tür stellte, nannte sie *Funny Face*. Aber Frau M., deren Klavierspiel gerade jetzt wieder über den Hof klingt, und ich mag das mehr denn je, es gehört zum Schönsten in diesem Haus, ganz unabhängig davon, ob sie Bach spielt oder Beethoven, Rachmaninow oder Stockhausen, sogar unabhängig davon, ob sie die eine oder andere Passage wieder und wieder unterbricht und aufs Neue ansetzt, denn sie braucht manchmal lang, bis sie mit sich zufrieden ist, Frau M. war in jenen ersten Tagen, die ich hier verbrachte, nicht da. So blieb die Katze, die wir später Mimí nannten, nicht einfach Mimi, wohlgemerkt, sondern Mimí mit französischer Betonung auf der letzten Silbe, vorläufig eine namenlose Erscheinung.

Das war damals, als Sie aus Amerika zurückgekommen sind, würde Frau S. sagen. Ach ja, die Frau S.! Die Chefin der Cafékonditorei um die Ecke. Wenn ich wieder etwas sicherer auf den Beinen bin, will ich wieder einmal bei ihr frühstücken. So lang, wie ich das jetzt nicht getan habe, werde ich ihr womöglich schon fehlen.

Wie lang waren Sie eigentlich in Amerika, hat sie gefragt, nachdem sie eins meiner Bücher gelesen hatte.

In den Vereinigten Staaten meinen Sie? Na ja, da war ich ein paar Mal auf Lesereise.

Aber Sie waren doch auch als Literaturprofessor dort, sagt sie, Sie haben doch dort an irgendeinem College unterrichtet.

Nein, liebe Frau S., sage ich, das war nicht ich, das war ein gewisser Paul Spielmann.

Und das sind nicht Sie, fragt sie.

Nein, sage ich, das ist der Erzähler.

Also eigentlich *doch* Sie, sagt sie.

Nein, sage ich, eigentlich *nicht* …

Jetzt hören Sie aber auf, sagt sie. Halten Sie jemand anderen zum Narren! Wenn so ein Autor ICH schreibt, dann denke ich selbstverständlich, es handelt sich um ihn.

Damals war ich jedenfalls nicht aus Amerika zurückgekommen. Aber ich konnte mich ganz gut in die Rolle eines Menschen versetzen, der von irgendwo weit weg zurückkam. Und jetzt hatte er diese Wohnung gemietet und ging darin hin und her. Ich machte Probeaufnahmen für einen Kopffilm, in dem ich sowohl als Stuntman für den Hauptdarsteller agierte als auch als Kameramann und Regisseur. Und schaute also aus dem Küchenfenster in den Innenhof. Und da war diese dreifarbige Katze, die wir später Mimí nannten. Während ihr die Pianistin, Frau M., den vorläufigen, eher gedachten als ausgesprochenen oder gar gerufenen Namen Funny Face gegeben hatte. Aber Frau M. war in England, zu Besuch bei ihrer alten Mutter, Frau M. lernten wir erst ein paar Wochen später persönlich kennen.

So erfuhren wir den vorläufigen, sozusagen arbeitshypothetischen Namen der Katze erst, als sie für uns schon Mimí hieß. Frau M. gab ihn auch nur etwas zögerlich preis. Der Name Funny Face hatte allerdings etwas für sich, denn tatsächlich hat diese Katze ein apartes Gesicht. Rechts schwarz, links weiß, mit kleinen, rötlichen Einsprengseln – auf den ersten Blick sieht es aus, als trüge sie eine dieser venezianischen Karnevalsmasken, die eine Hälfte des Gesichts verdecken, während sie die andere frei lassen.

Sie weiß um ihren Charme und weiß ihn nach wie vor einzusetzen. Streckt sich und dehnt sich und schaut, ob mir das gefällt. Und natürlich gefällt es mir. Und jetzt hat sie mich so weit. Springt auf und läuft mit federnden Schrittchen küchenwärts, und ich folge ihr.

Ich bin eine Runde um den Häuserblock gegangen. Ein paar Schritte, um in Bewegung zu bleiben. Oder vielmehr: um wieder in Schwung zu kommen. Als ich zurückkehre, steht eine junge Frau vor dem Haustor.

Anscheinend hat sie geklingelt, und niemand macht auf. Womöglich ist die Gegensprechanlage wieder einmal defekt. Wahrscheinlich ist sie eine Klavierschülerin der Frau M., denke ich. Oder sie ist eine Klientin der Frau R.

Frau R. ist die Therapeutin. Unsere zweite Nachbarin auf der gegenüberliegenden Seite des Innenhofs. Man kann sich bei ihr zu einer Familienaufstellung anmelden, aber sie hat auch Einzeltherapien im Angebot. Passt die junge Person, die da vor unserem schönen, alten Haustor steht und wartet, eher in eine Therapiestunde oder in eine Klavierstunde? Kurzgeschnittenes Haar, androgyne Silhouette – womöglich handelt es sich gar nicht um eine junge Frau, sondern um einen jungen Mann, ich bin mir nicht ganz sicher.

Wollen Sie zu Frau R. oder zu Frau M., frage ich.

Weder noch, sagt sie (er). Ich will zu Ihnen.

Tatsächlich?

Ja, sagt er (sie). Wir haben doch einen Interviewtermin vereinbart ... Ich habe per E-Mail angefragt, und Sie haben zugesagt.

So, sage ich.

Ja, sagt sie. Für Mittwoch, den 1.4. um elf Uhr Vormittag.

Aha, sage ich. Also ist heute Mittwoch.

Er – nein, sie – lächelt (ich habe mich entschlossen, sie doch lieber für eine Frau zu halten).

Na schön, sage ich und sperre das Haustor auf. Dann kommen Sie halt weiter.

Die junge Frau hat ein Mikro vor mich auf den Tisch gestellt und Kopfhörer aufgesetzt.

Sie haben also eine ganz besondere Beziehung zu Katzen, sagt sie.

Stimmt, sage ich. Aber woher wissen Sie das?

Aus einem Ihrer Bücher, sagt sie. Aus einem Ihrer Gedichte.

Tatsächlich?, sage ich. Diese junge Person liest also Gedichte. Sie liest sogar *meine* Gedichte. Ich sollte mir ihren Namen notieren.

Sie haben sich mit Katzen identifiziert, sagt sie.

Stimmt, sage ich. Angefangen vom *Kleinen Peter in der Katzenstadt* bis zu *Fritz The Cat.*

Sie lächelt, nickt. Aber das sind Literaturfiguren, sagt sie. Auf die werden wir später noch zurückkommen. Zuerst möchte ich mit Ihnen über die Katze in diesem Gedicht reden. Das war doch eine wirkliche Katze, oder?

Die Katze, so schien es mir manchmal, war immer schon da. Jedenfalls konnte ich mich nicht erinnern, woher wir sie hatten. Und seit wann wir sie hatten. Keine Ahnung. Die Erinnerung an Murli ist für mich ganz einfach mit der Erinnerung an jene Wohnung verbunden.

Ganz einfach und selbstverständlich. Die Katze gehört für mich zu dieser Wohnung. Und vielleicht war sie ja schon vor uns da gewesen. Die schwarze Katze, die uns täglich über den Weg lief. Vielleicht hatten sie meine Eltern, als sie mit mir in der Keinergasse eingezogen waren, schon vorgefunden.

Vielleicht hatte sie denen gehört, die vor uns hier gewohnt hatten. Und war dann einfach in der Wohnung geblieben. Vielleicht hatte sie uns der Mann, von dem mein Vater die Wohnung bekommen hatte, einfach stillschweigend überlassen. Oder sie war über die Schutthalde hereingekommen.

Damals war die Tür, die dort hinausführte, noch offen. Die Tür, die mein Vater dann zugenagelt hatte. Und meine Mutter hatte einen Vorhang aus einem hübschen hellen Stoff gesäumt. Einen Vorhang, hinter dem man diese Tür dann kaum mehr wahrnahm.

Nur die Katze schnupperte noch manchmal dort herum. Unten, wo doch ein bisschen Zugluft hereinkam. Witterte etwas und sah sinnend drein. Als ob sie sich an etwas dort draußen erinnerte.

Aber wir brauchen uns nicht zu fürchten, sagte mein Vater. Er hatte nicht nur die Tür zugenagelt, er hatte auch sonst viel getan. Die alten Tapeten von den Wänden gerissen und die Wanzen dahinter vertilgt. Die Wände und den Plafond geweißt, mit einem Tschako aus Zeitungspapier auf dem Kopf und einem breiten Pinsel in der Hand, auf einer Leiter stehend, die aussah wie der Buchstabe A, den ich im Vorschulalter schon lesen und schreiben konnte.

Er hatte gehämmert, gesägt, gefeilt und gehobelt. Er hatte aufgestemmt und zugegipst. Er verlegte elektrische Drähte und montierte Steckdosen. Zwar glaube ich mich zu erinnern, dass er sich im Zuge dieser Aktivitäten manchmal verletzte (der schwarzblaue Daumennagel an seiner linken Hand, dessen Anblick mir immer ein bisschen unangenehm gewesen ist, war vielleicht ein Andenken daran), doch er war tapfer und machte eifrig weiter – mit dem schönen Elan eines Neubeginns.

Und natürlich richtete er sich ein Labor ein. Mein Vater, der Fotograf. Dort verwandelte er Negative in Positive. Mein Vater, der Zauberer, der Illusionist. Wir haben es doch ganz gut, sagte er, wir haben es doch ganz schön. Und vor allem haben wir Glück.

Mit dieser Wohnung zum Beispiel. Manchmal, wenn Gäste da waren, erzählte mein Vater, wie wir zu dieser Wohnung gekommen waren. Er habe sie, sagte er, im Tausch gegen einen Wintermantel erworben. Das war so: Der vorige Mieter, der beim Absturz des Zimmers in die Schutthalde Frau und Tochter verloren hatte, wollte hier nicht mehr bleiben. Es lag ihm nichts daran, einen vorteilhaften Preis zu erzielen, es lag ihm mehr daran, die Wohnung loszuwerden.

Dieser vorige Mieter: ein Bekannter, den mein Vater damals zufällig getroffen hatte. Als wir noch bei der Großmutter wohnten, in der russischen Zone. Den Mantel hatte er auf dem Naschmarkt bekommen, von den russischen Soldaten, die er dort, fix wie er war, zu fotografieren begann. Und das war, so mein Vater, gar kein schlechtes Geschäft – nach einer etwas heiklen Anfangsphase, in der er zumindest riskierte, dass sie ihm die Kamera einfach wegnahmen, hatte er ihr Misstrauen abgebaut, ja sogar ihr Vertrauen gewonnen. Dann ließen sie Fotos von sich machen, auf denen sie sich zu dritt oder zu viert um die Schultern fassten oder auch einzeln dastanden, ins Objektiv lachend, mit einem Huhn oder Kaninchen oder auch mit einer Flasche Schnaps in der in Siegerpose erhobenen Hand. Sie zahlten auch gut, allerdings zumeist in Naturalien. Oft kam mein Vater mit einem Sack voll Kartoffeln zurück oder mit einer Kiste voll Kraut und Rüben. Manchmal kam er sogar mit einem in

Zeitungspapier eingewickelten Riesenstück Fleisch daher, das barbarisch aussah, aber wir waren froh darüber.

Doch eines Tages habe ihn eben einer mit diesem Mantel bezahlt. Nein, das sei gar kein schlechter Mantel gewesen. Ein gut gefütterter Mantel mit Fischgrätmuster. In den Kragen hatte wahrscheinlich die Frau dessen, der den Mantel einmal getragen hatte, ein Stück Kaninchenpelz hineingenäht.

Nur war dieser Mantel für meinen Vater zu groß. Nicht nur *ein bisschen* zu groß – in diesem Fall hätte meine Mutter die Ärmel kürzen und neu säumen und von der Länge etwas einnähen können. Nein, dieser Mantel war einfach *viel zu groß*. Das habe der Russe, der meinem Vater den Mantel umgehängt habe, zwar nicht wahrhaben wollen, gut, gut, habe er gesagt, und ihm ermutigend auf den Rücken geklopft, aber der Mensch, der diesen Mantel früher getragen hatte, musste, so mein kleiner Vater, ein Riesenlackel von Mann gewesen sein.

Das war also die Lage. Mit dem Mantel über dem Arm ging mein Vater auf der Wienzeile stadteinwärts. Wenn er sich weit genug von dem Russen entfernt hatte, dem zu widersprechen nicht ratsam war – wahrscheinlich war er eine Seele von einem Menschen, aber man durfte ihn nicht beleidigen –, würde er das gute Stück gegen irgendetwas für ihn oder uns Brauchbareres eintauschen. Aber da sei ihm dieser Bekannte, ein gewisser Herr Baal, über den Weg gelaufen, ein Kollege, ein Journalist, den er noch aus den Jahren vor dem Krieg gekannt habe. Und sie seien miteinander ins Gespräch gekommen.

Auch wenn ihm der Herr Baal, früher ein munterer Mensch, eigenartig wortkarg erschienen sei. Also habe zuerst vor allem mein Vater geredet. Und habe erzählt, dass er und seine Frau, ausgebombt, mit ihrem kleinen Buben, also mit mir, vorläufig bei seiner Mutter in der Heumühlgasse wohnten. In einer Zimmer-Küche-Wohnung, und das sei natürlich besser als nichts, aber er hoffe, früher oder später etwas anderes zu finden.

Du suchst also eine Wohnung, habe darauf der Herr Baal gesagt, nachdem er einen Schluck Wein genommen habe, sie waren nämlich inzwischen in einem Gasthaus gelandet, es war November, und draußen war es schon ziemlich unwirtlich. Ja, habe mein Vater gesagt, früher oder später wird sich was ergeben. Es ergibt sich schon, habe der Herr Baal gesagt, du kannst *meine* Wohnung haben. Und dann habe er ihm von dem Unglück erzählt, das ihm widerfahren war, und dass er in der Wohnung, in der das geschehen sei, nicht mehr leben wolle.

Ja, aber ..., habe mein Vater gesagt. Was willst du denn dafür? Weißt du was, habe der Herr Baal gesagt, gib mir einfach diesen Mantel! Das ist doch ein schöner Mantel, ein warmer Mantel! Und dann habe er den Mantel probiert, und er war ein ziemlich großer und starker Mensch, also habe ihm der Mantel gepasst.

Dieser Herr Baal habe dann nicht mehr in Wien bleiben wollen. Er habe vorgehabt, irgendwohin auszuwandern. War es Kanada? Oder gar Alaska? Jedenfalls war es ein kaltes Land. In meiner kindlichen Phantasievorstellung habe ich ihn dann, gleich nachdem er den Mantel angezogen und meinem Vater die Wohnungsschlüssel auf den Tisch gelegt hatte, aus dem Gasthaus weggehen gesehen, den Mantelkragen mit dem Kaninchenpelz aufgestellt, denn draußen hatte es inzwischen zu schneien begonnen.

Ob sich die Katze an diesen Herrn Baal erinnerte? Und an seine Frau und seine Tochter, die in die Schutthalde gestürzt waren? Aber nein, das sind Projektionen aus meiner heutigen Position. Damals, als Kind, kam ich gar nicht auf die Idee, sie mit diesen Leuten in Verbindung zu bringen.

Oder doch? Ich war ein nachdenkliches Kind. Und Murli, die Schwarze, war eine nachdenkliche Katze. Jetzt sehe ich uns beide wieder am Erkerfenster. Und wir schauen wieder hinunter in die Hainburger Straße und auf den sandigen Platz, den es längst nicht mehr gibt.

Murli und ich. Wenn ich am Fenster knie oder lehne und sie auf dem Fensterbrett sitzt, sind unsere Köpfe auf demselben Niveau. Wenn sie mir ihren Kopf zuwendet, schau ich in ihre großen gelben Augen. Keine Rede davon, dass sie meinem Blick ausweicht. Aber manchmal steht sie abrupt auf und geht wieder hinaus aufs Sims.

Dass dieses Sims, das jetzt so jäh endet, früher noch weitergegangen sein soll, vor einem oder sogar zwei Fenstern … Einem oder zwei Fenstern, aus denen nun niemand mehr schauen kann, weil sie nicht mehr da sind … Das gibt mir zu denken, das ist beunruhigend, aber auch interessant … Wenn ich doch *auf die Gasse* hinuntergehen darf, was meine Mutter zwar nicht gernhat, aber letzten Endes doch erlaubt (lass ihn, er muss ja ein bisschen streunen und seine Erfahrungen machen, sagt mein Vater, der selbst gern streunt), stehe ich manchmal ganz einfach da unten und schau hinauf.

Das also ist das Haus, in dem wir wohnen … Sozusagen ein invalides Haus … Dort ist das Erkerfenster, an dem ich so gern knie, da das Sims, auf das sich die Katze vielleicht doch nicht gar so weit hinauswagen sollte … Danach ist die Außenwand aufgerissen, und da sieht man noch ein paar Balken, die im Nichts enden, Fetzen mit einem Blumenmuster bemalter Tapeten, abgebrochene Reste des Parkettbodens.

Das ist der Boden, den wir im Erkerzimmer noch haben. Aber von hier an verliert man ihn unter den Füßen. Ein paar Schritte weiter würde er uns abhandenkommen. Wenn ich unten, auf dem Gehsteig, weit genug nach links gehe, sehe ich die Tür, die mein Vater zugenagelt hat, von außen.

Ich bin erwacht in einem halben Haus, werde ich beinah vierzig Jahre später schreiben. Und das stimmt ja, sage ich zu der jungen Frau mit dem Mikrofon, die wiedergekommen ist (heute habe ich den Termin, den wir vereinbart haben, nicht vergessen). Ein Teil des Hauses, in dem ich einen ganz wesentlichen Teil meiner Kindheit verbracht habe, war weggebrochen. Und das ist ein Bild, das mir als Autor sozusagen geschenkt wurde, dieses halbe, dieses invalide Haus, in dem ich mich, als ich *erwache,* also im Alter von vier oder fünf Jahren, vorfinde.

Manche Erwachsene nennen mich altklug, weil ich schon daherrede *wie ein Großer.*

Andere finden, ich sei halt ein bisschen verträumt. Weil ich, auch wenn wir uns im selben Raum befinden, nicht immer *dort* bin, wo *sie* sind, sondern, behaupten sie, *in meiner eigenen Welt.* Andere wieder unterschätzen meine Präsenz, glauben, sie können so tun, als wäre ich nicht da, und einfach über etwas sprechen, das ich nicht höre, weil ich es angeblich noch nicht verstehe.

Es gibt Wörter, auf die eine eigenartige Betonung gelegt

wird. Das Wort *Jud* zum Beispiel. Oder das Wort *Nazi*. Liegt es nur an der Betonung, dass mir diese Wörter peinlich vorkommen? Ich mag sie nicht, diese Wörter, aber ich spitze die Ohren, wenn sie fallen.

Ich bin erwacht in einem halben Haus / da geht der Wind, werde ich schreiben. Auch an windstillen Tagen weht immer eine gewisse Zugluft von der Schutthalde herein. *Der Wind geht durch die Wände ein und aus*, werde ich schreiben. Und dass ich ein Kind bin, werde ich schreiben, vielleicht ein Judenkind, vielleicht ein Nazikind (womöglich sowohl das eine wie auch das andere).

Es sind ja nicht nur Metaphern für spätere Gedichte, die mir so früh geschenkt werden. Es gibt auch Geschichten, und es gibt die Geschichte, der nachzugehen mir nahegelegt wird. Woher kommen wir, wohin gehen wir, wieso ist es so gekommen, was ist davon geblieben? Aber jetzt kommen Sie mir nicht zu nahe, sage ich, wenn Sie mir das Mikro so dicht vor die Nase halten, kann ich nicht entspannt reden.

Irgendwann hatte ich entdeckt, dass das Fell der schwarzen Katze, wenn man es gegen den Strich streichelte, weiß war. Ja, sagte mein Vater, die Murli ist schlau, sie tarnt sich. Eigentlich ist sie eine weiße Katze. Natürlich glaubte ich das nicht wirklich, aber den Gedanken fand ich interessant.

Ich hatte zwar leider kein Fell, aber was die Haarfarbe betrifft, gab es auch bei mir ein interessantes Phänomen. Angeblich war ich in meinen ersten zwei Lebensjahren blond gewesen. Die Oma hatte in einem Kuvert mit Goldrand, zwischen zwei Blättern Seidenpapier, eine Locke aufbewahrt, die man mir damals abgeschnitten hatte. Die fand ich zwar nicht wirklich blond, aber zweifellos war sie heller als die Locken, die ich nun auf dem Kopf hatte.

Mein Vater erklärte die Veränderung meiner Haarfarbe auf seine Weise. Solang das *tausendjährige Reich* gedauert habe, sei ich eben blond gewesen. Vorsichtshalber. Das habe sich dann erübrigt. Nebenbei bemerkt habe er früher genauso schöne schwarze Locken gehabt wie jetzt ich.

Mein Vater, der seine früh zutage tretende Glatze mit einer Baskenmütze bedeckte, die er selten abnahm. Mit einer Pullmankappe, wie man damals sagte. Einer Kappe, die er auf seine ganz persönliche Weise schräg aufsetzte. Was ihm einen pfiffigen und vor allem – darauf legte er großen Wert – humorvollen Ausdruck verlieh.

Meine Mutter, die ihn noch mit etwas mehr Haaren auf dem Kopf kennengelernt hatte, bezweifelte die Geschichte von seiner früheren Haarpracht. Du hast eine ganz andere Haarstruktur, sagte sie. So fest wie dem Peter seine Haare waren deine Haare nie. Das gab ihr Gelegenheit, wieder einmal über meinen Kopf zu streicheln und mein Haar zu kraulen.

Meine Mutter war damals, mit etwas über Mitte zwanzig, eine sehr hübsche Frau. Für Friedi war sie eine feine Dame. Die Haare immer, als käme sie grad vom Friseur, die Lippen rot geschminkt, Kostüme wie von der Schneiderin. So wird sie sich später an meine Mutter erinnern, ziemlich viel später, als wir uns unversehens wiederbegegnen, Friedi und ich, mit etwas über vierzig.

Direkt mondän, wird sie sagen, war deine Mama. Ich hab ihr immer bewundernd nachgeschaut. Stöckelschuhe und Nylonstrümpfe, auch wenn da manchmal eine Masche gelaufen ist. Meine Mama hat meistens Wollstrümpfe getragen, und wenn sie die Schuhe mit den hohen Absätzen angezogen hat, dann ist sie damit wie auf Stelzen gegangen – sie war das nicht gewohnt, und man hat ihr angesehen, dass sie immer ein bisschen Angst gehabt hat, umzukippen.

Nach meiner Erinnerung trug natürlich auch meine Mama manchmal Wollstrümpfe. Und sicherlich trug sie häufig flache Schuhe. Doch so viel ist wahr, dass sie auf ihr gutes Aussehen Wert legte. Und dass sie einiges dazu tat, um es zur Geltung zu bringen.

Manchmal vielleicht sogar ein bisschen zu viel. Wir hatten kein Badezimmer, so etwas war im Wien der Nachkriegszeit noch ein Luxus, und den kleinen, schmalen Raum, in dem man vielleicht hätte eines einrichten können, hatte mein Vater zum Fotolabor gemacht. Wir hatten nur eine durch eine Art spanischer Wand abgeschirmte Waschnische in der Küche. So bekam ich von klein auf so manches von der Schönheitspflege meiner Mama mit.

Nie sah ich recht ein, warum sie wiederholt ihre netten, brünetten Augenbrauen auszupfte, mit einer kleinen Pinzette, Härchen für Härchen, und sie etwas höher oben an der Stirn als wesentlich dünnere schwarze Bögen wieder aufmalte. Auch schien mir ihr Mund, wenn sie ihn mit dem Lippenstift überschminkte, immer ein wenig aus seiner natürlichen Form zu geraten. Um meinetwillen hätte sie sich auch die Fingernägel nicht lackieren müssen. Aber wahrscheinlich ging es bei alldem darum, dass sie mindestens ebenso schön sein wollte wie die Damen, die mein Vater *künstlerisch* fotografierte.

Manchmal blitzten in meinem Bewusstsein noch ganz frühe Szenen mit meiner Mama auf, aus einer Zeit, die ich damals, mit vier oder fünf, mit einer leisen Traurigkeit im Herzen, schon als Vergangenheit empfand, die immer weiter davontrieb. Abwärts in einem Strom, dessen Bewegung ich spürte. Ich spürte diese Bewegung auch später, manchmal stärker und manchmal, durch die jeweilige Gegenwart abgelenkt, ein wenig schwächer. Letzthin spüre ich sie wieder sehr stark, aber das nur nebenbei.

In jenen Szenen saß meine Mutter an meinem Kinderbett und sang. Sie sang mit einer sanften Jungmädchenstimme, sah auch noch fast wie ein junges Mädchen aus, in einem leichten Hauskleid, ungeschminkt, ohne Dauerwelle, ohne Puder auf der Nase. War das noch in Gmünd, als wir zu zweit waren, mein Vater im Krieg, wir zwei auf dem Land, das mir ganz friedlich vorkommt, während auf die Stadt wahrscheinlich schon Bomben fallen? Meine Mutter singt Lieder wie *Guten Abend, gute Nacht* oder *Schlafe, mein Kindlein, schlaf ein*, und ihr Kindlein, das bin ich, darüber besteht kein Zweifel, deswegen darf sie mich auch streicheln.

Zurück zu den Haaren der Katze, die auf der Unterseite weiß waren. Es reizte mich, das immer wieder zu sehen. Aber ich durfte es nicht übertreiben. Für gewöhnlich fauchte Murli bloß, wenn es ihr zu viel wurde, doch einmal, als ich nicht rechtzeitig mit diesem verkehrten Streicheln aufhörte, verlor sie die Geduld und versetzte mir einen Prankenhieb.

Danach hatte ich einen tiefen Kratzer an der Wange und blutete. Es war noch ein Glück, dass sie mich nicht am Auge erwischt hatte. Du sollst dich nicht gar so nah zu ihr hinunterbeugen, sagte meine Mutter. Hab ich ja gar nicht, sagte ich, sie ist auf dem Fensterbrett gesessen.

So war das halt, sage ich zu der jungen Person mit dem Mikro, mein Umgang mit dieser Katze war eben ein Umgang auf Augenhöhe. Wenn wir miteinander aus dem Fenster schauten, war er das sogar im unmittelbaren Sinn des Wortes.

Jaja, sagte meine Mutter. Und das kommt dann davon.

Sie tupfte Jod auf den Kratzer. Ich bemühte mich, nicht zu heulen.

Sie nahm ein Stück Gaze aus dem Verbandskasten, legte es über den desinfizierten Kratzer und klebte es mit zwei Enden Leukoplast an meiner Wange fest. Ich war zwar ihr erstes und bis auf viel weiteres einziges Kind, aber im Versorgen von Kinderwehwehchen hatte sie viel Routine. Als zweitältestes Mädchen unter neun Geschwistern hatte sie schon als Schulmädchen auf die jüngeren aufpassen müssen. Nachmittags im Waldmüllerpark in Wien-Favoriten, wo die Kleinen, die noch nicht so gut auf den Beinen waren, oft hinfielen und sich auf dem Schotter die Knie oder die Ellbogen aufschlugen.

Ja, sagte sie, so war das – wenn sie davon erzählte, tat sie das kurz und nüchtern. Recht ausführlich und bunt hingegen erzählte sie von ihrer Zeit als Kindermädchen in Ungarn. Das muss Mitte der Dreißigerjahre gewesen sein, sie war damals sechzehn oder siebzehn. Auf einem Gut in der Nähe von Stuhlweißenburg, auf Ungarisch hieß das *Székesfehérvár*, und wenn sie diesen Namen aussprach, wurde sie, so mein Eindruck, immer zwei oder drei Zentimeter größer, als hätte sie Grund, stolz zu sein, entweder, weil sie diesen Namen richtig aussprechen konnte oder weil sie immerhin ein Jahr ihres Lebens dort hatte zubringen dürfen – auf diesem Gut, auf dem es freilaufende Schweine und Pferde mit im Wind wehenden Mähnen gab, hatte sie nicht nur drei Kinder betreut, sondern auch ein wenig Ungarisch und sogar Csárdás tanzen gelernt.

Manchmal kam sie auch auf eine Nacht Ende Mai oder Anfang Juni zu sprechen, lau, mit Glühwürmchen und einem großen, wie ein Lampion über dem Land hängenden Mond, eine Nacht, in der irgendein Fest gefeiert worden war. Da habe ihr der Sohn des Gutsherrn, ein sehr temperamentvoller junger Mann, recht schöngetan. Und er hätte ihr ja auch ganz gut gefallen, so ein fescher Mensch mit einem netten, blonden Schnurrbart. Aber bis hierher, habe sie zu ihm gesagt, erst auf Ungarisch, und dann, als er ihr nicht gefolgt habe, so als würde er ihr Ungarisch nicht verstehen, etwas heftiger auf Deutsch, bis hierher und nicht weiter.

Das erzählte sie aber wahrscheinlich weniger mir als meinem Papa. Vielleicht wollte sie ihm damit irgendetwas beweisen. Ich war mir nicht ganz sicher, was, aber ich machte mir meine Gedanken. Wenn ich im Bett lag, vor dem Einschlafen, sah ich meine Mutter manchmal Csárdás tanzen.

Später habe ich mich gefragt, wieso meine Mutter diesen Job bekommen hatte. Als Kind einer Arbeiterfamilie aus dem zehnten Wiener Bezirk. Kindermädchen bei wahrscheinlich sogar adeligen Gutsbesitzern in Ungarn. Als Tochter eines sozialdemokratischen Vaters, meines Großvaters, der als junger Eisenbahner angeblich die *Arbeiter-Zeitung*, das Zentralorgan einer damals noch wirklich linken Partei, verteilt hatte und dadurch in Schwierigkeiten gekommen war.

Der Kontakt hatte sich möglicherweise durch Verwandte der Oma ergeben. Entfernte Verwandte, die irgendwo im

Grenzgebiet zwischen der Tschechoslowakei und Ungarn lebten. Es kommt mir jetzt vor, als hätte meine Mutter etwas von einem Brief erzählt. Einem Brief, in dem sie eingeladen wurde, sich auf dem Gut bei Székesfehérvár vorzustellen …

Aber wieso ließ mein Großvater, der als Vater, heißt es, sehr streng war, eine minderjährige Tochter so ohne weiteres nach Ungarn ziehen? Nach Ungarn, wo – nach dem Scheitern der Räterepublik gleich nach dem Weltkrieg – der sogenannte Reichsverweser Horthy ein autoritäres Regime etabliert hatte. Ein Regime, das einem in der Wolle gefärbten Sozialdemokraten doch zumindest bedenklich erschienen sein müsste. Hatte sich sein politisches Bewusstsein unter dem Eindruck der autoritären Strömung, die sehr bald auch Österreich erfasste und mitriss, verdunkelt?

Das fragte ich mich vor allem, als ich studierte. Im hinhaltenden Kampf gegen das Ergriffenwerden durch eine bürgerliche Beschäftigung. Stimmt schon, ich wollte vor allem Zeit zum Schreiben gewinnen. Aber es war nicht nur das – das meiste, was ich studiert habe, hat mich ja wirklich interessiert.

Also zum Beispiel Geschichte – und da besonders die sogenannte Zeitgeschichte. War das Jahr, das meine Mutter auf diesem Gut in Ungarn verbrachte, vor oder nach 1934? Vor oder nach dem Verbot der Sozialdemokratischen Partei Österreichs? Vor oder nach den Kämpfen im Februar?

Die Heimwehr, die endlich *ganze Arbeit* leisten will – sie beginnt mit einer Razzia im Hotel *Schiff* in Linz … Schutzbündler, die sich das nicht gefallen lassen wollen und sich in diesem Hotel verschanzen … Dann ein vier Tage währender

Bürgerkrieg, in dem am Ende mit Artillerie auf Gemeindebauten geschossen wird … Über tausend Verwundete, Hunderte Tote, Dutzende standrechtliche Hinrichtungen …

Mein Großvater, inzwischen Lokführer, kommt heil davon – vielleicht hat er sich doch nicht zu sehr exponiert. Er wird auch nicht eingesperrt – er wird, obwohl gerade unter den Eisenbahnern viele der autoritären Regierung Verdächtige sind, nicht einmal entlassen. Da kann man dem Schicksal nur dankbar sein, denn er hat eine sehr große Familie zu erhalten. Und das, sage ich zu der jungen Frau mit dem Mikro, ist wohl auch das Motiv für seine Nachgiebigkeit, den Ungarnaufenthalt seiner Tochter Rosa betreffend – solang sie dort drüben als Kindermädchen arbeitet, ist sie gut versorgt, und daheim muss man eine Person weniger durchfüttern.

Meine Mama jedoch hat in diesem für sie schönen Jahr zwei oder drei Kilo zugenommen. Das war aber hübsch, sagte mein Vater – als er sie bald danach kennenlernte, hatte sie ganz entzückende Rundungen. Noch lang schwärmte sie vom Essen auf dem Gut, besonders vom Hirschschinken und vom Wildschweingulasch (der alte Gutsherr, auch er noch ein attraktiver und für seine Jahre vitaler Mann, war ein passionierter Jäger, also kam oft Wild auf den Tisch). Ihren Geschwistern lief bei solchen Erzählungen das Wasser im Mund zusammen.

II

EIN WENIG von der Umwelt, in der meine Mutter aufgewachsen war, kann ich mir vorstellen, wenn ich an die Besuche bei meinen Großeltern zurückdenke. Den *böhmischen* Großeltern, wie mein Vater sie nannte. Was eine ungenaue Bezeichnung war, denn aus Böhmen stammte eigentlich nur der Opa. Die Familie der Oma war aus der Slowakei zugereist.

Zugereiste waren sie jedenfalls beide. Wie viele (die meisten) Wiener. Also *echte* Wiener. Inzwischen daheim im zehnten Bezirk, Favoriten. Seinen Namen hat dieser Bezirk von einem kaiserlichen Jagdschloss (*La Favorita*), das einmal in der wahrscheinlich noch kaum verbauten Gegend gestanden war, doch ab Mitte des 19. Jahrhunderts stellte man keine Jagdschlösser mehr in die Landschaft, sondern Fabriken.

Und Zinshäuser. In einem davon wohnten meine Großeltern. In Wien X, Hasengasse Nr. 53. Aus dem Eckfenster ihrer Wohnung am Rand des Waldmüllerparks sah man bei Tag, über die Kronen der Parkbäume hinweg, auf die Bahntrasse. Nachts trug der Wind das Rattern der vorbeifahrenden Züge herüber.

Ich habe dort etliche Tage und Nächte verbracht. Meist brachte mich meine Mutter hin, wenn sie meinen Vater auf eine Pressefahrt begleiten sollte. Pressefahrten – das hört sich bedeutend an. Ende der Vierziger-, Anfang der Fünfzigerjahre wurde mein Vater öfter zu so etwas eingeladen.

Soviel ich mitbekam, handelte es sich dabei meist um irgendeine Bahn- oder Bustour, die eine auserwählte Schar von Journalisten und Fotografen zu einer zwei- oder dreitägigen Exkursion außerhalb Wiens führte. Die heimische Presse sollte sehen und berichten, dass und wie es wieder aufwärts ging. Um das zu demonstrieren, ließen sich weder die Vertreter der Landwirtschaft lumpen noch die der Industrie. Also gab es bei solchen Gelegenheiten nicht nur Besichtigungen von wiederaufgebauten oder neu errichteten Betriebshallen, in denen die Arbeiterinnen und Arbeiter an den unter der Neonbeleuchtung glänzenden Maschinen strahlten, als ob ihre Arbeit das reinste Vergnügen wäre, oder von modern und hygienisch ausgestatteten Ställen, in denen mein Papa die Kühe, die nunmehr mechanisch und nicht mehr händisch gemolken wurden, so fotografierte, dass sie tatsächlich zufrieden zu lächeln schienen, sondern meist auch ganz anständige Buffets und lustige Weinverkostungen.

Und warum sollte mein Vater meine Mama da nicht mitnehmen? Er war ja stolz auf seine hübsche Frau. Und sie wurde, scheint es, recht gern gesehen. Ich erinnere mich an Fotos, auf denen sie mit angeblich wichtigen Persönlichkeiten zu sehen war, meist etwas älteren Männern mit von Schweiß glitzernder Stirn, die ihre Nähe sichtlich erfreulich fanden, ihr irgendetwas erzählten, worüber sie sehr lachen musste, oder ihr, da sie meist ein Glas in der Hand hatten, launig zuprosteten.

Diese Pressefahrten sind also belegt – es gab sie wirklich. Aber ihre Häufigkeit war auffallend. Auf die Idee, dass sie manchmal nur ein Vorwand waren, kam ich allerdings erst etliche Jahre später. Womöglich, ja wahrscheinlich, wollten meine Eltern manchmal für zwei, drei Tage zu zweit sein.

Vielleicht haben sie sich ab und zu in einem kleinen Hotel in einem netten Vorort von Wien einquartiert. Bei aller Liebe zu mir – zu so etwas waren sie imstande. Als Erwachsener fand ich diese Vorstellung eigentlich lustig. Ich bin mir allerdings nicht sicher, ob ich sie, hätte ich sie damals, als Kind, schon gehabt, auch so lustig gefunden hätte.

Wie dem auch sei – in solchen Fällen musste der kleine Peter bei der Oma übernachten. Bei der *anderen* Oma. Die *eine* kam dafür weniger in Frage. Obwohl sie mir viel vertrauter war, weil sie mich jeden zweiten Tag zum Spazierengehen abholte. Aber als Krankenschwester im Allgemeinen Krankenhaus hatte sie (die Großmutter väterlicherseits) oft Nachtdienst.

Ah ja, sagt die Frau S. Das war die Oma, über die Sie schon geschrieben haben ... Diese *sehr kleine Frau*. Über die hab ich gern gelesen ... Diese *belesene* Oma. Wie sie Ihnen beim Spazierengehen alle möglichen Geschichten erzählt hat ... Oder war das gar nicht *Ihre* Großmutter, sondern die dieses Herrn – wie heißt er – Spielmann?

Was soll ich darauf antworten? Soll ich mich von der Frau S. in die Enge treiben lassen? Nein. Vorerst ersuche ich sie, mir noch eine Schale Kaffee zu bringen. Inzwischen versuche ich mich an den Wortlaut eines schönen Satzes zu erinnern, den ein schlauer Kritiker geschrieben hat. Peter Henisch und Paul Spielmann sind zwar nicht identisch (oder: sind zwar nicht dieselbe Person) ... aber anscheinend (oder offenbar) haben sie dieselbe Großmutter.

So ungefähr, sage ich zu Frau S., als sie mit dem Kaffee an meinen Tisch zurückkommt. Jedenfalls war das ein Satz, der mir gefallen hat. Und viel besser kann ich es auch nicht sagen. Aber jetzt geht es nicht um *diese* Großmutter, sondern um *die andere.*

Dort in der Hasengasse. Ecke Fernkorngasse. Die Wohnung der Großeltern war im dritten Stock, mit dem Mezzanin, das es auch hier gab, war es sogar der vierte. Das war also immer ein relativ langer Anstieg. Den ich mir aber verkürzte, indem ich die Stufen zählte.

Wie viele es waren? Nein, das weiß ich nicht mehr. Doch damals, nachdem ich sie schon etliche Male hinaufgestiegen war, wusste ich es ganz genau. Da nahm ich jede Stufe mit vollem Bewusstsein. Manche Stufen waren schon recht abgetreten, speckig glänzend und an den Kanten gerundet.

An dieser auf meine Füße gerichteten Konzentration liegt es wohl, dass mir gerade die Bodenbeschaffenheit des Hauses in Erinnerung geblieben ist. Überdies war das Stiegenhaus so gebaut, dass man immer ein Stück auf dem Gang des jeweiligen Stockwerks zurücklegen musste, bis man zum nächsten Treppenabsatz kam. Das war interessant, denn in jedem der Stockwerke gab es anders gemusterte Fliesen. Ich erinnere mich an ein Stockwerk mit etwas verblasst schwarzen Mäandern auf einem leicht angebrannt wirkenden gelben Untergrund und ein Stockwerk mit grünen Ranken, in denen kleine blaue Vögel saßen.

Manche von diesem Fliesen hatten allerdings Sprünge und klapperten, wenn man darüber ging. Und sie klapperten erst recht, wenn ich darüber *lief.* Was ich nicht tun sollte, aber immer wieder gern tat (die Versuchung war einfach zu groß). Dann öffnete sich da und dort ein Türspalt, und irgendein verärgerter Mensch streckte den Kopf heraus, drauf und dran, hinter mir herzukeppeln, aber meine Mama, die in diesem Haus aufgewachsen war, verstand es, die Leute, die sie noch kannte und die sie, wenn auch manchmal mit einer gewissen Verzögerung, *wieder*erkannten, zu beschwichtigen – er ist halt ein Kind, sagte sie, und damit hatte sie ja, trotz allem, recht.

Das Stockwerk, in dem die Großeltern wohnten, war an den Fliesen mit den Sonnenblumen erkennbar. Auch hier klapperten die Fliesen, weshalb uns die Oma meist schon hörte, bevor wir klingeln konnten. Das tat mir dann immer ein bisschen leid, denn die Klingel an der Tür der Großeltern war keine elektrische, sondern eine mechanische (hier schlug noch ein Klöppel auf eine richtige Glocke). Aber so war das nun einmal: entweder die Fliesen zum Klappern bringen oder klingeln – beides ging selten.

Anna Jirku hieß sie, die *andere* Oma. So wie ich sie jetzt, mit geschlossenen Augen, vor mir sehe, kommt sie uns sogar ein Stück auf dem Gang entgegen. Obwohl ihr das Gehen offenbar nicht ganz leichtfällt. Servus Roserl, sagt sie zu meiner Mutter. Servus Päderl, sagt sie zu mir.

Auch sie, meine Großmutter mütterlicherseits, eine kleine Frau. Vielleicht nicht so sehr von Natur aus, aber durch die vielen Geburten, die sie hinter sich hatte, gebeugt und geschrumpft. Ihr großes Gesicht glänzt – wahrscheinlich ist sie gerade noch in der Küche am Herd gestanden. Am gemauerten Herd mit den großen, runden, geschwärzten Metallplatten über den Feuerstellen.

Auch wenn ich mir diese Küche zu vergegenwärtigen

versuche, kommt mir zuallererst der Boden in den Sinn. Immer wieder habe ich mich darauf gefreut, die Schwelle zu übertreten und diesen Boden unter den Füßen zu spüren. Diesen Boden, den ich wahrscheinlich blind wiedererkennen würde, diesen anheimelnd unebenen Boden. Dort, wo an den Brettern, in ihrem Vorleben als Bäume, wahrscheinlich Äste angewachsen waren, gibt es Buckel, die bei dem Kind, das ich damals bin, die Vorstellung von Haselnussschokolade auslösen.

Und natürlich fallen mir die Gerüche ein. Ein wenig habe ich noch die Gerüche in der Nase, die wir auf unserem Weg nach oben, über vier Treppenabschnitte und vier mit verschiedenen Kacheln gepflasterte Gänge, mitbekommen haben. Kraut- und Kohlgerüche aus den Oberlichten der Fenster, die sich auf den Gang hinaus öffnen, Klogerüche aus den schlecht schließenden Türen der am Ende jedes Ganges für je vier bis sechs Wohnungen gemeinsamen Toiletten. Doch jetzt sind wir eingetaucht in den besonderen Geruch, das Aroma der großelterlichen Wohnung.

Vorläufig sind wir immer noch in der Küche. Da ist also der Herd, daneben die massive *Abwasch*, zu deren Beschreibung mir der in Wien und schon gar in Favoriten kaum gebräuchliche Ausdruck *Spülstein* einfällt, denn dieses Becken ist ganz aus dunklem, ein wenig speckigem Stein. Dann die Kredenz, ein hohes, mit allerlei Holzschnitzereien versehenes Möbel mit mehreren Türen und Laden. Und ein Regal mit zwei Reihen weiß emaillierter Gefäße für Zucker, Salz, Feigenkaffee und Gewürze.

Der Herkunft der Großeltern entsprechend waren wohl Majoran, Liebstöckel, Paprika, Kümmel und Nelken darunter. Gewürze, die man in Tschechien und der Slowakei gern verwendet. Aromen aus Gegenden, in denen die Großeltern ihre Kindheit und noch einen Teil ihrer jungen Jahre verbracht hatten. In der Luft dieser Küche lag etwas Würziges, aber auch Süßes.

Allerdings vermischt mit dem etwas säuerlichen Geruch der Hasen. Dass in der Küche einer in der Hasengasse gelegenen Wohnung Hasen hausten, schien mir im Alter von vier bis sieben ganz logisch. Die durfte ich manchmal mit Karotten füttern. Ich erinnere mich ihrer gegen das Drahtgitter des Verschlags, in dem sie gehalten wurden, aufgeregt drängenden, schnuppernden, samtigen Nasen.

Aber sie hatten auch große, gelbliche Zähne. Pass auf, sagte die Oma, dass sie nicht deine Finger erwischen! Das waren ja keine Kaninchen, jedenfalls keine von der niedlichen Sorte, die man später, als man sich so einen Luxus wieder leisten konnte, in den Streichelzoos herumhoppeln ließ. Das waren starkknochige Tiere, die tüchtig fressen und ordentlich zunehmen sollten, denn sie wurden nicht nur (oder kaum) aus Tierliebe gehalten.

Mir fiel auch auf, dass es nicht immer dieselben Hasen waren, die ich fütterte. Von einem unserer Besuche zum anderen verschwanden größere, und kleinere kamen nach. Namentlich, wenn Feiertage dazwischen lagen. So ist das halt, sagte der Onkel Willi, ab und zu muss der Mensch auch einen Bissen Fleisch essen.

Der Onkel Willi. Er hatte ein schiefes Lachen. Ein schiefes Lachen und ein blasses Gesicht. Wahrscheinlich rauchte er zu viel, jedenfalls riecht er in meiner Erinnerung stark nach Zigaretten. Das waren russische Zigaretten mit verkehrt herum geschriebenen Buchstaben auf der Packung, die er drüben, in der Fabrik, in der er arbeitete, *unter der Hand* bekam.

Auf dem Dach dieser Fabrik (gleich gegenüber in der Fernkorngasse) war ein mattroter Stern montiert, denn es handelte sich um einen sogenannten USIA-Betrieb. Was diese Abkürzung genau bedeutete, wusste ich damals noch nicht und habe es inzwischen wieder vergessen. So viel hatte ich allerdings als Vorschulkind schon mitbekommen, dass es manche Leute nicht richtig fanden, in so einem Betrieb, *bei den Russen,* zu arbeiten. Doch der Onkel Willi sagte, die Leute, die anderswo Arbeit hätten, sollten nicht blöd daherreden, er sei froh, dass er diese Arbeit gefunden habe, und die russischen Zigaretten seien zwar *Beuschelreißer,* aber er habe sich daran gewöhnt.

Mein Onkel Willi, obwohl damals schon achtzehn oder neunzehn, wurde zu Hause noch immer Burli gerufen. Er war der Jüngste unter den neun Geschwistern. Sieben Mädeln und zwei Buben waren in der Hasengasse aufgewachsen. Der Onkel Willi war der übrig gebliebene Bub.

Im Krieg war er fast noch ein Kind, das war sein Glück. Nur ganz gegen Ende war er noch zur Luftschutzhilfe eingezogen worden, aber das hatte er überstanden. Sein Bruder war schon am Anfang des Krieges erwachsen. Also hatte er nach Polen marschieren müssen und dann nach Frankreich und schließlich nach Russland.

Das wäre mein Onkel Rudi gewesen, aber diesen Onkel sollte ich nie kennenlernen. Im Dezember '42, sagte meine Mutter – wenn sie darauf zu sprechen kam, klang ihre Stimme immer ein bisschen heiser, und sie musste sich räuspern –, kurz vor Weihnachten '42 hat er noch eine Feldpostkarte aus Stalingrad geschrieben, aber danach haben wir nichts mehr von ihm gehört. Er war nur mehr auf einem bräunlichen Foto mit schwarzem Rand zu sehen, das im Zimmer hing. Aber wir stehen erst an der Schwelle zum Kabinett.

Das Kabinett ist ein ganz erstaunlicher Raum. Es ist vielleicht zwei Meter breit und kaum mehr als vier oder fünf Meter lang. Man könnte glauben, es ist nur eine Art Korridor. Aber tatsächlich ist es der hauptsächliche Aufenthaltsraum der Familie.

Ein schlauchartiger Raum, der durch den massiven Schubladenkasten gleich rechts neben der Tür und die Couch links vorn, fast schon beim Fenster, noch schmäler erscheint. Und doch sollen darin manchmal an die zehn Personen Platz gefunden haben. Nicht nur bei Tag, sondern – zumindest ein paar von ihnen – auch bei Nacht. Wo sonst hätten die sieben Schwestern und die zwei Brüder geschlafen?

Im großen Zimmer, das wir erst später betreten werden, nicht. Dieses Zimmer ist ja das Schlafzimmer der Eltern. Im Übrigen ist es oft auch bei Tag tabu. Der Vater hat als Lokführer viele Nachtdienste, vor oder nach denen er sich selbstverständlich gut ausschlafen muss.

Gewiss, untertags waren ja nicht immer alle da. Sie werden, je nach Altersstufe, in der Schule, im Park, in der Lehre gewesen sein. Und trotzdem – es muss Stunden gegeben haben, Tages- und vor allem Nachtstunden, zu denen viele von ihnen und letzten Endes alle da waren. Untertags werden sich die größeren Mädchen wahrscheinlich auch in der Küche aufgehalten haben, schon um der Mama beim Kochen und Geschirrabwaschen zu helfen (wohl auch beim

Wäschewaschen, für das ja ebenfalls nur die Küche zur Verfügung stand), aber bei Nacht schlief dort, ein paar magere Jahre hindurch, in denen man jeden Groschen brauchen konnte, auf einem Feldbett, das man am Morgen wieder hinter der Kredenz verschwinden ließ, noch ein sogenannter Bettgeher.

Wir haben uns, sagte meine Mutter, halt irgendwie geschlichtet. Sie erzählte nicht gern davon, nicht viel, sie erzählte lieber von Ungarn. Doch *wenn* sie davon erzählte, dann tat sie das mit einem gewissen Sarkasmus. Die jeweils Kleinsten haben ja noch im Schubladkasten geschlafen, in der Nacht seien die Laden eben offen gestanden, man habe nur aufpassen müssen, dass man nicht daran anrannte, wenn man aufs Klo musste.

Aber das war in den Zwanziger- und Dreißigerjahren. In den späten Vierziger- und frühen Fünfzigerjahren, also zu der Zeit, zu der ich öfter in der Wohnung der Großeltern deponiert werde, ist alles nur mehr halb so wild. Da sind schon fünf von den sieben Schwestern, darunter meine Mutter, verheiratet und somit aus dem Haus. Und der Onkel Rudi braucht keinen Platz mehr.

Auf dem Klappbett schläft nun der Onkel Willi. Seine beiden noch bei den Eltern wohnenden Schwestern, Gerti und Hansi, schlafen auf der Couch. Die ist zwar nicht breit, doch die zwei sind noch jung und schlank. Sie scheinen auch im Schlaf gut miteinander auszukommen.

Bei Tag sitzen sie abwechselnd an der *Singer*-Nähmaschine. Beide sind gelernte Schneiderinnen, aber sie arbeiten daheim. Ist der Onkel Willi da, so beschäftigt er sich meistens mit einem alten Radioapparat, einem sogenannten Volksempfänger. Den zerlegt er und setzt ihn wieder zusammen. Wenn er das Gerät dann ans Stromnetz ansteckt und wieder einschaltet, verursacht er meist ein schrilles Pfeifen. Das darf er natürlich nur, wenn der Opa nicht schläft. Manchmal pfeift es so arg, dass sich alle im Raum die Ohren zuhalten müssen. Aber er will Sender empfangen, die man mit diesem Radio früher nicht empfangen konnte.

Er will mir erklären, wie so ein Gerät funktioniert. Die Wellen, sagt er. Die Stimmen kommen auf den Wellen daher. Er meint es gut, aber er ist nicht gut im Erklären. Ich sehe keine Wellen, sondern nur ein Gewirr von Drähten.

Da schau ich lieber den Tanten beim Nähen zu. Unten bewegen ihre Füße das Pedal aus schwarzem Gusseisen, oben bewegt sich die Nadel mit dem Zwirnsfaden. Manchmal knüpft mir eine von ihnen aus einem Fetzchen Stoff einen Kasperl. Der dicke Knoten, den ich mir dann an den Zeigefinger stecken kann, ist der Kopf, und was über die Hand herabhängt, ist ein weiter Mantel. Damit lässt sich ein bisschen Theater spielen. Mit der rechten Hand bewege ich den Kasperl, die linke Hand mimt das Krokodil. Aber ich darf die Tanten nicht allzu sehr ablenken. Einmal, erzählt die Tante Gerti, hat sich die Hansi schon durch den Finger genäht, das soll nicht noch einmal passieren.

Ab und zu machen die Tanten eine Pause, damit die Nähmaschine nicht heiß läuft. Dann holen sie die Spiele-Schachtel aus der Schublade und spielen mit mir *Domino* oder *Schaf und Wolf*. Ich spiele allerdings lieber *Mensch ärgere Dich nicht*. Doch wenn der Opa drinnen im Zimmer schläft, dürfen wir uns nicht zu laut ärgern oder freuen.

Manchmal spielen wir auch *Schwarzer Peter*. Da kommt es darauf an, dass man die Karte mit dem Schwarzen Peter, der als kleiner Rauchfangkehrer, als Negerlein oder als schwarzer Kater dargestellt ist, möglichst bald loswird. Auf keinen Fall darf man sie bis zum Schluss behalten. Doch wenn ich eine dieser Karten, namentlich die mit dem Kater, im Blatt habe, ist sie mir so sympathisch, dass ich mich gar nicht von ihr trennen will.

Die Tanten akzeptieren das leise lächelnd. Der Onkel Willi aber hat dafür kein Verständnis. Er schüttelt den Kopf: So kann man das doch nicht spielen! Der Bub kapiert nicht, sagt er, warum es bei diesem Spiel geht!

Der Onkel Willi und ich. Zwischen uns gab es auch sonst einige Missverständnisse. Oder Meinungsverschiedenheiten. Zum Beispiel darüber, was ein Gedicht ist. Ich erinnere mich daran, wie ich versucht habe, der Oma, den Tanten und ihm das erste Gedicht aufzusagen, das ich gemacht habe. *Gemacht,* wohlgemerkt. Denn damals (das war sehr früh) konnte ich noch nicht schreiben.

Bei meinen Eltern war das gut angekommen. Und vor allem bei meiner *belesenen* Oma. Ich hatte den Eindruck, sie seien stolz auf mich. Der Peterle hat ein Gedicht gemacht, das war etwas, das sie auch Freunden und Bekannten freudig und nur mit einer winzigen Nuance Ironie erzählten.

Ich musste dieses Gedicht wiederholt vortragen. Und die meisten, die es hörten, nickten, so kam es mir jedenfalls vor, beifällig bis bewundernd. Dieses Gedicht war ein Versprechen für die Zukunft. (Damals kamen sie noch nicht auf die Idee, mir das Dichten auszureden – erst später versuchten sie mir einzureden, dass man als Schriftsteller keine Zukunft habe und vom Dichten nicht leben könne.)

Nun wollte ich dieses Gedicht also auch in der Hasengasse zum Besten geben. Damit die Tanten, der Onkel und die Oma, die sich mit ihrem wackelnden Gang eigens aus der Küche ins Kabinett bemühte, begriffen, was für einen talentierten Neffen und Enkel sie hatten. Der Opa schlief. Aber schön, dem würde ich es später aufsagen. Dieses mein erstes Gedicht ging folgendermaßen:

Auf der Wiese
steht ein Blümlein,
wenn der Wind geht,
wackelt es.

Die Zustimmung, die ich erwartete, kam hier nur mit einer gewissen Verzögerung. Die Tanten waren nett, auch die Oma wollte mich nicht kränken. Aber der Onkel Willi sagte, was er dachte. Das reimt sich doch nicht, sagte er. Also ist es kein Gedicht.

Hör zu, sagte er, ein Gedicht muss sich ordentlich reimen. Er dachte kurz nach. Ja, sagte er, zum Beispiel das:

Peter, Peter,
draußen steht er,
lassts ihn eina,
den Zigeina.

Oder das:

Schneckerlmadam,
hast an Zwiefel daham,
kriegst an Knofel dazua,
hast die Wochen lang gnua.

Oder das:

Denkt euch,
ich habe das Christkind gesehn.
Es kam aus dem Walde,
das Mützchen voll Schnee,
die kleinen Hände taten ihm weh …

na ja und so weiter.

Und vor allem das:

Willibald,
die Hose knallt,
das Hemd zerreißt,
der Willi …

und an dieser Stelle platzte ein derartiges Lachen aus ihm heraus, dass man den letzten Endreim nicht mehr verstand.

Stad bist, Burli, raunte die Oma, Kruzitürken! Eine Zurechtweisung, die womöglich weniger damit zu tun hatte, dass das zuletzt zitierte Gedicht keines von denen war, die man einem vielleicht etwas aus der Art geschlagenen, aber im Grunde genommen doch braven kleinen Enkel und Neffen wie mir zumuten durfte, als damit, dass der Onkel Willi anscheinend vergessen hatte, dass sein Vater schlief. Aber da war es auch schon passiert: Wir hatten ihn geweckt. Von drinnen im Zimmer war ein grimmiges Räuspern zu hören, und dann erschien er an der Tür, der Opa, mit zu Berge stehendem weißem Haar und in langen marineblauen Unterhosen.

Ein paar Jahre früher, erzählte meine Mutter, wäre in so einem Fall ein Unwetter mit Donner und Blitz über die Familie hereingebrochen. Mit dem Hosenriemen in der Hand sei der Opa manchmal aus dem Zimmer heraus ins Kabinett gestürzt, um die unruhigen Geister zu beruhigen. Er sei halt ein Vater vom alten Schlag gewesen. Besonders den armen Onkel Rudi habe er manchmal grün und blau geschlagen.

Das kann ich mir damals, in meiner Kindheit, kaum vorstellen. Für mich ist der Opa ein freundlicher, alter Mann. Vielleicht ist er ja auch jetzt, als ihn der Onkel Willi geweckt hat, zuerst einmal wütend, zumindest ungehalten, und im Begriff, wenn schon nicht donnernd, so wenigstens polternd auf die Störung seiner verdienten Ruhe zu reagieren. Doch als er mich sieht, besinnt er sich, und unter seinem welken Schnurrbart erblüht unversehens ein Lächeln. Ja, da schau!, sagt er. Wenn haben wir denn da? Warum sagt mir denn niemand, dass wir Besuch haben? Dann wirkt er einen Moment lang beinahe verlegen, wahrscheinlich wird ihm bewusst, dass er nicht vollständig bekleidet ist. Und räuspert sich und zieht sich wieder zurück, aber nur, um zwei Minuten später aufs Neue aufzutauchen. Da trägt er dann eine graue Hose mit Bügelfalten. Vermutlich ist sie sehr ordentlich über einer Sessellehne gehangen. Ob er nun auch eine Krawatte umgebunden hat, weiß ich nicht mehr. Aber die zuvor aufgewühlten Haare haben sich entweder von selbst wieder beruhigt, oder er hat sie rasch frisiert.

Komm, sagt er, trau dich nur, ich zeig dir was! Dann nimmt er mich an der Hand und führt mich ins Zimmer. Da drin ist ein Fenster, das ist fast ganz zugewachsen mit wildem Wein. Wenn draußen die Sonne scheint, gibt das ein beinahe magisch wirkendes, grünes Licht.

Und nicht nur das: An diesem Fenster wachsen auch Rosen. Ihre Stängel sind mit grün gefärbtem Draht an dünnen Holzleisten befestigt, an deren Enden große Glaskugeln sitzen. Eine bordeauxrot, eine kobaltblau, eine silbern. An der Oberfläche dieser Kugeln spiegelt sich, auf zauberhafte Weise verkleinert, das Fensterkreuz, aber auch ein Stück Himmel.

Ja und dann ist da noch ein Vogelkäfig. In diesem Käfig, dessen Gitterstäbe oben zu einer zwiebelförmigen, orientalisch anmutenden Spitze zusammenlaufen, sitzen zwei Tauben. Aber das sind keine gewöhnlichen Tauben, das sind Lachtauben. Wenn der Großvater ihre Stimmen imitiert – ungefähr so: kukurú, kukurú –, bringt er damit sowohl mich als auch diese Vögel zum Lachen.

Und nicht zu vergessen, der säulenförmige Kaktus. An seiner Spitze wächst eine kleine Knospe. Die wird bald aufblühen, sagt der Opa, du wirst sehen! Dann musst du dazuschauen und ordentlich essen, damit er dir nicht über den Kopf wächst.

Ordentlich essen. Genau. Das fällt mir jetzt auch ein. Wie es war, mit den Großeltern, den beiden Tanten und dem Onkel Willi bei Tisch zu sitzen. Da aßen sie alle ordentlich: tüchtig und schweigend. Zu hören war nur das leise Klappern, wenn das Besteck die Teller berührte.

Beim Essen, war die Parole, spricht man nicht. Weil man mit vollem Mund nicht redet, und beim Essen hat man halt meist einen vollen Mund. Erst recht, weil man schauen muss, dass man rasch vorankommt. Rasch zugreifen, solang noch was in der Schüssel ist, und dann rasch schlürfen oder rasch kauen und rasch schlucken.

Das Essen als Wettbewerb. Du willst doch nicht der Bettelmann sein, sagt der Onkel Willi. Als er mir das zum ersten Mal sagt, verstehe ich noch nicht, was er meint. Na, der Bettelmann, sagt er, also der Letzte. *Kaiser König Edelmann / Bürger Bauer Bettelmann,* so ist das.

Dass man zwischendurch auch ein wenig pausieren und launige Gespräche führen konnte, wie das mein Papa gern tat (und wie es sich auch meine Mama unter seinem Einfluss angewöhnt hatte), schien sich bis hierher, in die Hasengasse, noch nicht herumgesprochen zu haben. Oder man hielt es eben für verfehlt, ja für geradezu unanständig. *Beim Essen redt ma net,* wurde ich belehrt, wenn ich mich um ein bisschen auflockernde Konversation bemühte. *Und beim Reden fuchtelt ma net so herum mit die Händ'* – das machen nur die Italiener und die Juden.

Welche Erfahrungen man in der Hasengasse mit Italienern hatte, weiß ich nicht. Aber was die Juden betraf, so hatte, bekam ich mit, eine jüdische Familie am anderen Ende des Ganges gewohnt. Eigentlich nette Leute, wenn sie nur nicht so viel mit den Händen geredet hätten. Die Mame hatte der Großmutter interessante Kochrezepte verraten, darunter eines für einen Eiaufstrich mit Sardellenbutter und Kapern, den die Oma gern zur Jause auf den Tisch stellte und der, von den Tanten und vom Onkel Willi ganz unbefangen *Judenaufstrich* genannt, an diese etwas andere Familie erinnerte.

Diesen Aufstrich kannte ich übrigens schon. Meine Mutter machte ihn auch, namentlich, wenn mein Vater wieder einmal Gäste eingeladen hatte. Er war leicht zuzubereiten und schmeckte pikant. Die Kapern nannte sie, wenn wir einkaufen gingen, übrigens *Kapperln* – ah ja, sagte sie, und dann kriegen wir noch zehn Deka Kapperln – vielleicht war das ja eine Reminiszenz an die Käppchen, mit denen die kleinen Buben der jüdischen Nachbarfamilie herumgelaufen waren.

Auf solche Ideen kam ich natürlich erst später. Kinder und Erwachsene mit Kippa habe ich erst gegen Ende der Fünfzigerjahre bewusst gesehen. Wahrscheinlich im zweiten Bezirk, in der Leopoldstadt, wo ich mich dann gern herumtrieb. Das war in meiner Pubertät, in der ich mich gerade von diesem damals noch dunklen, kaum sanierten Stadtteil angezogen fühlte, aber als Kind von vier oder fünf war mir das Hinterhauptskäppchen, das ich dann als Erwachsener (allerdings in etwas modifizierter Form als gestricktes oder gehäkeltes Häubchen) gern selbst trug, noch kein Begriff.

Wohin die Juden vom anderen Ende des Ganges im vierten Stock der Hasengasse gekommen waren? Von meinen Großeltern und ihren noch bei ihnen lebenden Kindern wurde das damals nicht thematisiert. *Beim Essen redt ma net.* Und auch sonst redet man nicht überflüssig viel. Auf manches musste ich mir dann eben selbst meinen Reim machen.

Oder eben nicht:

Wer hat gesagt, dass dein Gedicht kein Gedicht ist?
Der Onkel Willi.
Nebbich, der Onkel Willi.
Es reimt sich nicht, sagt er.

Na und, wird meine Oma sagen. Die belesene Oma. Die sich auskennt mit Gedichten.

Mein Laptop, das heißt seine Software, unterwellt das Wort *belesen.* Will es nicht kennen. So weit sind wir also gekommen. Die Oma ist ziemlich alt geworden. Über neunzig. Aber *das* hat sie nicht mehr erleben müssen.

Manche Gedichte reimen sich, und manche Gedichte reimen sich nicht, sagt sie. Sie hat mich wieder zum Spazierengehen abgeholt, und jetzt gehen wir durch den Stadtpark. Reim dich oder ich fress dich, sagt sie, so dichten die Stammbuchschreiber. Der Onkel Willi versteht vielleicht etwas vom Radiobasteln, aber von Gedichten versteht er nichts.

Wir gehen durch den Stadtpark, an manchen Bänken fehlen noch immer die Bretter. Die hat man in den kalten Wintern der ersten Nachkriegsjahre verheizt. Doch jetzt wird alles schon ein bisschen besser. Im Teich schwimmen Enten – das Stadtgartenamt oder wer dafür zuständig ist scheint nicht mehr zu befürchten, dass sie nach Einbruch der Dunkelheit in irgendwelchen Kochtöpfen landen.

Die Sonne scheint, es ist Mai oder eher schon Juni. Da unten am Wasser sitzen ein junger Mann und eine junge Frau. Sie sitzen im Gras. Die werden sich verkühlen, sagt meine Oma. Es ist schon recht warm, aber man sollte nicht leichtsinnig sein.

Sie versteht nicht nur von Gedichten etwas, meine Oma, sondern auch von Krankheiten, die man sich zuziehen kann. Sie ist ja damals noch aktiv, wie sie das nennt, als Krankenschwester. Besonders die junge Frau in ihrem leichten Kleid sollte aufpassen. So zieht sie sich womöglich ein Leiden zu, das ihr dann später zu schaffen macht.

Das Gras könnte feucht sein oder zumindest die Erde

darunter. Aber die beiden beachten das offenbar nicht. Na ja, seufzt die Oma, die sind halt verliebt, die zwei. Dafür, dass sie verliebt sind, schauen sie allerdings recht melancholisch auf den Teich hinaus.

Ein junger Mann, ein etwas dunklerer Typ, die Ärmel der schwarzen Jacke glänzen ein bisschen abgewetzt. Und eine junge Frau in einem hellen Kleid, mit für damals etwas ungewöhnlich kurz geschnittenem Haar, einer Art Pagenschnitt. So sind mir die beiden in Erinnerung geblieben. Und wer weiß, habe ich später gedacht, vielleicht waren das Ingeborg Bachmann und Paul Celan.

Das war, nachdem ich den Briefwechsel der beiden gelesen hatte. Da kommt der Stadtpark vor, da kommt der Teich vor, da kommen womöglich sogar die Enten vor. Eine Großmutter, die mit ihrem Enkel vorbeigeht, kommt allerdings nicht vor. Aber die beiden waren eben sehr aufeinander bezogen und haben uns nicht beachtet.

Nun aber wieder zurück zur anderen Oma. Und zu den Nächten in der Hasengasse. Die verbrachte ich im Ehebett. Ich war ja damals noch relativ klein, und die Großeltern schienen mit einem so kleinen Gast in ihrem Bett kein Problem zu haben.

Vielleicht sollte ich mich dadurch, dass ich bei ihnen im großen kühlen Zimmer schlafen durfte, auch bevorzugt fühlen. Bevorzugt und unter der dicken Tuchent geborgen, die auf uns lag wie eine schwere weiße Wolke. Ich hätte trotzdem lieber im Kabinett bei den Tanten geschlafen, die nur eine etwas dünnere Decke hatten, ja, die Vorstellung, mich an diese jungen Frauen zu schmiegen, einmal an die eine und einmal an die andere, hatte für mich etwas ausgesprochen Verlockendes. Aber im Ehebett war zweifellos mehr Platz als auf der Couch.

Erst recht in den Nächten, in denen der Opa nicht da war. Er stand ja häufig über Nacht auf der Lok. Diese Nächte waren mir angenehmer. Nicht nur, weil die Oma und ich dann etwas mehr Richtung Bettmitte rücken konnten, sondern auch, weil ich dann nicht durch das kontinuierliche Schnarchen und gelegentliche Furzen des Großvaters irritiert wurde – ich hatte den Opa, der immer nett zu mir war, ziemlich gern, aber als Bettgenossen musste ich ihn nicht haben.

Außerdem sollte an den Abenden, an denen er da war, sofort geschlafen werden. Da wurde nur noch ein dunkles Tuch über den Vogelkäfig gebreitet, damit auch die Tauben darin wussten, dass es jetzt nichts mehr zum Lachen gab, und dann wurde das Licht abgedreht. Die Oma und ich lagen schon artig unter der Decke, nun kam auch der Opa dazu, sein Gewicht war zu spüren, das Bett wogte ein Weilchen. Doch dann, sobald er die richtige Ruhestellung gefunden hatte, sagte er gute Nacht, und das war für diesen Tag sein letztes Wort.

An den Abenden, an denen der Opa auf der Bahn fuhr, war das anders. Da standen die Oma und ich zuerst noch am Fenster. Nicht an dem zauberhaft zugewachsenen Fenster, das übrigens viel von seinem Zauber verlor, wenn der Himmel draußen dunkel war, sondern am anderen, am Eckfenster. Und dieses Fenster, zum Unterschied von jenem, war ein Fenster, durch das man weit hinaussah.

Links begrenzte zwar das Dach der *Goerz*-Fabrik mit dem mattroten fünfzackigen Stern das Gesichtsfeld. Aber gegenüber muss damals noch eine Bombenlücke oder ein weniger hohes Haus gewesen sein. Jedenfalls sehen wir, die Oma und ich, an dem Abend, an den ich mich jetzt erinnere, noch ein Stück Waldmüllerpark, Bäume (vor meinem inneren Auge sind es Pappeln), und dahinter die Bahntrasse. Draußen ist es noch nicht ganz finster, eher herrscht späte Dämmerung, es kommt mir auch warm vor, wahrscheinlich haben wir Mai oder Juni, über dem Bretterzaun, der die Bahntrasse begrenzt, die etwas erhöht, auf einer Art Damm, verläuft, hängt ein graubrauner Himmel.

Wart!, sagt die Oma. Gleich kommt der Zug vorbei, in dem der Opa ganz vorn auf dem Führerstand steht. Und wenn er dort drüben vorbeifährt, schaut er zu uns herüber und lässt die Lok pfeifen. Sie sagt das in ihrer vom Dialekt des Wiener Arbeiterbezirks Favoriten gefärbten Sprache. Manchmal legt sie die Betonung auf eine etwas andere Silbe als die schon früher Zugewanderten oder verwendet eine etwas andere Satzstellung.

Er losst sie pfeifn, die Lok, der Opa, wirst hearn. Und wirklich, der Zug rattert heran, die Lokomotive pfeift und stößt ein Wölkchen Dampf aus. Und wir winken dem Opa, beide haben wir je ein Taschentuch in der Hand. Und dann verschwindet der Zug, aber wir bleiben noch eine Weile am Fenster stehen, dem leiser und leiser werdenden Rattern nachlauschend.

Und die Oma versinkt in Gedanken und seufzt. Und wischt sich mit dem Taschentuch über die Augen. Aber dann schnäuzt sie sich: Und jetzt husch ins Bett! Tatsächlich sind wir beide schon für die Nacht bereit, die Großmutter in einem langen, hellblauen Hemd mit rosa Rüschen, ich im Pyjama, den mir meine Mama für die zwei Nächte, die ich in der Hasengasse schlafen soll, eingepackt hat, und wir schlüpfen unter die Tuchent (oder nein, um diese Jahreszeit ist es vielleicht doch eine etwas leichtere Decke), die Oma voraus, ich hinter ihr her.

Erzähl mir was, sage ich.

Was soll ich dir denn erzählen, sagt sie, ich weiß ja nix.

Halt ein Märchen, sage ich – ein Märchen, denke ich, muss sie doch wissen!

Und sie versucht es wirklich und will mir ein Märchen erzählen – ich glaube, es ist das Märchen vom tapferen Schneiderlein –, aber sie schafft das nur stockend, erinnert sich nur lückenhaft an die Geschichte und ist, so leid es mir tut, das feststellen zu müssen, gar kein Vergleich mit meiner belesenen Oma.

Was das tapfere Schneiderlein betrifft, so verliert sie total den Faden. Die unbeholfenen Sätze, mit denen sie sich und mich quält, kommen immer spärlicher, sie atmet schwer, und ich fürchte schon, sie wird mir gleich einschlafen. Doch dann erzählt sie auf einmal vom Onkel Rudi. Die Fotografie, auf der er bei Tag zu sehen ist, ein *fescher Bursch*, wie meine Mutter wiederholt festgestellt hat, fesch sogar unter der Kappe mit dem Hakenkreuz, dieses Bild hängt an der Wand rechts neben dem Bett, keine zwei Meter entfernt von dem hohen Polster, auf dem mein Kopf liegt, aber im Dunkeln ist es kaum zu erkennen.

Dass er im Grund genommen ein braver Bub war. Auch wenn er dem Opa und ihr einige Sorgen gemacht hat. Wie er im Park gerauft hat und dann manchmal mit einer blutigen Nase nach Haus gekommen ist. Aber er war halt einer, der sich auch von den Größeren nichts gefallen lassen wollte.

Und wie er im Winter mit der Rodel auf der Todesbahn gefahren ist. Die Todesbahn, weißt du, das ist der steile Abhang neben dem Friedhof. Dort, wo es einen besonders leicht aus der Bahn schmeißt. Prompt ist er dort gegen einen Strauch oder sogar gegen einen Baum gefahren und hat sich den Arm gebrochen, noch dazu den rechten, sodass er dann in der Schule wochenlang nicht schreiben hat können.

Später ist er manchmal am Abend ein bisschen lang ausgeblieben. Und der Opa, erzählt die Oma, der war halt streng. Um neun muss ein Bengel mit vierzehn, fünfzehn zu Haus sein. Einmal ist er, der Rudi, wirklich viel später gekommen, es war schon fast Mitternacht, und er hat von unten, auf der Straße, gerufen, aber der Opa hat verboten, dass eine von seinen Schwestern, die Steffi oder deine Mama, die Rosl, hinunterläuft und ihm das Haustor aufsperrt.

Aber jetzt, sagt die Oma, jetzt würden wir dem lieben Gott danken … Wenn er, der Rudi, von unten rufen tät … Manchmal, mitten in der Nacht, sagt sie, wacht sie auf und horcht … Und steht auf und geht, so wie sie ist, im Nachthemd, auf Zehenspitzen, ans Fenster, denn sie ist sich fast sicher, seine Stimme gehört zu haben, und schaut hinunter auf die Straße, und ihr Herz klopft so laut, dass es seine Stimme, die sie dann nicht mehr hört, womöglich übertönt.

Vielleicht, denkt sie, und warum denn nicht, steht er einmal wirklich wieder da unten am Eck, ihr großer Bub … Mama, ruft er, und vielleicht hat er das ja wirklich noch gerufen, dort in Stalingrad, im Schnee … Was hat er denn, fragt sie, dort zu suchen gehabt? … Ich wär froh, hat er geschrieben, auf dieser letzten Feldpostkarte, die wir von ihm bekommen haben, wenn ich zu Weihnachten noch ein Stückel Brot hätt …

Er hat immer Appetit gehabt, weißt du, sieben Buchteln hat er verdrückt wie nichts … Die großen Buchteln mit Powidl drinnen und Staubzucker drauf … Ja, sieben auf einen Streich, aber dabei war er nie dick, nur stark, mit breiten Schultern und festen Haxen … Schon im Bauch hat er sich anders angespürt als die Mädeln, und beinah vier Kilo schwer war er, als wir ihn zum ersten Mal abgewogen haben, gleich nach der Geburt, auf der Küchenwaage.

Und komm, sagt die Oma, jetzt wollen wir für ihn beten. Falt schön die Hände, sagt sie, jetzt beten wir für den Onkel Rudi. Der Opa, sagt sie, hält mich für blöd, weil ich glaub, dass Gebete was nützen. Aber er tut nur so, er hat eine harte Schale, aber innen ist er batzweich, und er wird Rotz und Wasser weinen vor Glück, wenn die Gebete dann doch noch was genützt haben.

Ihre und meine Gebete, vereinte Gebetskräfte. Zwar weiß ich nicht recht, was ich da im Dunkeln murmeln soll, aber ich lasse mir das möglichst nicht anmerken und murmle hinterdrein. *Vater unser* – dieses Gebet kenne ich noch gar nicht –, *der du bist in dem Himmel* – ich kenne nur *Jesukindlein, komm zu mir*. Das reicht, haben meine Eltern gedacht, ein anderes Gebet haben sie mir nicht beigebracht, aber wenn er zurückkommt, der Onkel Rudi, dann werden wir, sagt die Oma, ein großes Fest feiern und alle Hasen auf einmal schlachten.

Doch, doch, sage ich zu Frau S., ich war ganz gern in der Hasengasse. Ich hatte den Eindruck, dass ich dort ganz interessante Erfahrungen machte. Allerdings fand ich diese

Erfahrungen manchmal doch etwas befremdlich. Und war dann ganz froh, wenn ich nach zwei oder drei Tagen wieder von dort abgeholt wurde.

Da kamen Mama und Papa meist gemeinsam. Als kämen sie direkt von ihrer Pressefahrt. Falls es denn eine war – vielleicht war es ja manchmal doch eine. Mein Vater hatte jedenfalls immer die ganze Fotoausrüstung dabei und fotografierte zwischen Tür und Angel alle Familienmitglieder, die er erwischte.

Mein flinker Vater. Angeblich hatte ihn der Opa anfangs einen Windmacher genannt. Ob so einer als Schwiegersohn in die Familie passte, würde man sich noch reiflich überlegen müssen. Aber die Oma fand es schön von ihm, dass er ihr immer, wenn er die Roserl abholte, Blumen brachte. Und nach und nach hatte man sich dann doch an ihn gewöhnt.

Er schoss also rasch ein paar nette Fotos, mein Papa, die er das nächste Mal, wenn er vorbeikam, natürlich mitbringen würde, versprochen. Und erzählte noch schnell ein paar von den neuesten Witzen. Witze, die, scheint mir, die Oma fast nie verstand und die der Opa lieber nicht verstehen wollte. Aber die Tanten kicherten und wurden manchmal rot, und der Onkel Willi grinste.

Und dann fuhren wir endlich nach Hause. Nicht mit dem Auto, nein, wo denken Sie hin! Auto hatten wir damals natürlich noch lang keins. Wir fuhren mit der Straßenbahn, und zwar mit der Linie 118.

Das war eine lange Fahrt, den halben Gürtel entlang. Erst am Margaretengürtel, dann am Wiedner Gürtel, und dann, nachdem wir durch das Fenster auf der rechten Seite den total zerbombten Südbahnhof und durch das Fenster auf der linken Seite das glücklicherweise nicht ganz so arg beschädigte Schloss Belvedere gesehen hatten, endlich am *Landstraßer* Gürtel. Landstraße hieß ja unser dritter Bezirk. Und da sahen wir auch schon den Turm der Herz-Jesu-Kirche, der ein bisschen aussah, als wäre er aus den Bausteinen gebaut, die ich zu Hause hatte, und auf die ich mich schon freute.

Eins dieser kleinen Hotels hinter der Hagia Sophia. Der Himmel über Istanbul ist noch nicht so versmogt wie später, also fast postkartenblau. Es ist nicht der Ruf des Muezzins, der uns geweckt hat, sondern der Singsang eines Straßenverkäufers. Ich bin aufgestanden und ans Fenster getreten, um zu sehen, was er anbietet.

Schön, sagt Sonja, die noch im Bett liegt, wie du so dastehst. Männlicher Rückenakt im Morgenlicht. Wenn sie einen Zeichenblock mithätte, würde sie mich rasch skizzieren. Und wenn wir eine Kamera mithätten, würde sie mich fotografieren.

Sie hat aber keinen Zeichenblock mit, obwohl es ihr schwergefallen ist, ihn nicht doch noch einzupacken. Und auch die Kamera haben wir lieber daheim gelassen. Nur das Notwendigste haben wir in unsere Seesäcke gestopft. Ein paar Stücke Wäsche, je ein zweites Paar Schuhe, Sonnencreme, Regenschutz, obenauf Schlafsäcke.

Mehr als zwei Monate sind wir nun unterwegs. Jetzt, in Istanbul, sind wir schon auf dem Rückweg. Bis in den Iran sind wir gekommen, nach Isfahan, Shiraz und Yazd – auf dem Weg dorthin haben wir eine echte Fata Morgana gesehen, blau spiegelndes Wasser und grüne Bäume in der sonst vorwiegend grauen Steinwüstenlandschaft. Und wären vielleicht noch weiter nach Osten gefahren, hätten die Afghanen nicht ihren König gestürzt und die Perser daraufhin die Grenze gesperrt.

Sehr unbefangen waren wir unterwegs. Ohne die Angst, bei unserer Rückkehr keinen Studien- oder Arbeitsplatz mehr zu finden. Ohne die Angst, Zeit zu verlieren – eine Idee, die uns damals noch ganz abwegig vorkommt. Zeit verlieren! Wir haben doch noch so viel Zeit vor uns!

Ohne Angst vor den Autofahrern, von denen auch in kaum mehr befahrenen Gegenden immer noch einer auftauchte und anhielt, um uns mitzunehmen. Manchmal spätabends, wenn wir uns schon fast damit abgefunden hatten, am Straßenrand zu schlafen. Ohne Angst vor den freundlichen Menschen, die uns dann oft noch bewirteten und beherbergten. Auch vor uns schien sich niemand zu fürchten, obwohl wir nach und nach recht verwegen abgerissen und sonnenverbrannt aussahen.

Damals lag noch nicht so viel Angst in der Luft. Was das betrifft, waren das sehr glückliche Zeiten. Das ist nun schon lang Vergangenheit, aber damals war es Gegenwart. Unter dem Himmel von Istanbul – der Tag verspricht schön zu werden.

Übermorgen werden wir wieder in Wien sein – für die letzte Etappe unserer Reise werden wir morgen in den Zug steigen. Doch heute ist noch ein orientalischer Tag.

Ich schlüpfe in die angenehm luftige Hose, die ich mir gestern im Bazar gekauft habe. Der Straßenhändler unter dem Fenster ruft etwas, das sich anhört wie I love Susi, aber auf Türkisch heißt das bestimmt etwas anderes.

III

WENN WIR nach zwei oder drei Tagen Abwesenheit zurückkommen, ist die Katze beleidigt. Dann redet sie bis auf weiteres nicht mehr mit uns. Wo wart ihr?, fragt sie wortlos. Und: Was bildet ihr euch eigentlich ein? Glaubt ihr, ich brauche eure Gesellschaft? Ich brauche niemand!

Natürlich lügt sie. Denn sie braucht uns sehr wohl. Wenn wir die Tür hinter uns schließen und einfach verschwinden – was macht sie? Gewiss, wir hinterlassen ihr zwei Schalen mit Futter und eine große Schale Wasser. Aber wenn wir am dritten Tag nicht wiederkommen würden – was dann?

Trotzdem tut sie so, als wäre sie souverän. Zeigt uns sozusagen die kalte Schulter. Kann man das sagen? Haben Katzen Schultern? Klar haben Katzen Schultern, sagt mein Vater, sie sind nur etwas anders gebaut.

Diese Katze! Kaum haben wir das Zimmerfenster geöffnet, um ein bisschen zu lüften, ist sie schon wieder draußen, auf dem Sims. Murli, komm herein!, ruft meine Mutter, aber das nützt in diesem Fall gar nichts. Da bewegt die Madam allenfalls das linke Ohr. Sie interessiert sich jetzt wieder einmal sehr für die Tauben auf dem Kinodach und lässt sich nicht ablenken.

Doch nach und nach gesellt sie sich wieder zu uns. Das heißt, sie streift halt in der Küche vorbei. Ganz unverbindlich. Eigentlich absichtslos. Aber wenn sie schon da ist, wohlgemerkt im Vorbeigehen, kann sie auch nach den Futterschalen sehen, die neben dem Herd stehen.

Sie schnuppert. Na ja. Das ist nichts Besonderes, was wir ihr da hingestellt haben. Nicht einmal Leber haben wir ihr mitgebracht. Sie kostet. Nicht, dass wir glauben, sie hat Heißhunger nach so etwas. Sie kann ja später noch darauf zurückkommen.

Am anderen Ende der Küche setzt sie sich in meine Nähe. Im Winkel zwischen dem Fenster zum Hof und der Tür zum Kabinett hocke ich in der von mir bevorzugten Spielecke. In meine Nähe setzt sich die Katze, wahrt dabei aber eine gewisse Distanz. Sei es aus Prinzip, sei es aus einer diesen Respektabstand begründenden Erfahrung – ich bin nämlich wieder einmal dabei, einen Turm zu bauen.

Einen Turm aus meinen geliebten Bausteinen. Das sind keine Holzklötze, sondern richtige Steine. Kleine Quader in schönen, gedämpften Farben (taubengrau, weinrot). Original *Anker-Bausteine*: Wenn ich heute ein Set davon im Schaufenster eines Antiquitätenladens sehe, bin ich manchmal versucht, hineinzugehen und sie zu kaufen.

Doch dann gebe ich mir einen Ruck und gehe weiter. Mit den zehn oder zwölf Steinen, die da zu unzumutbar hohen Preisen angeboten werden, könnte ich ja nur wenig anfangen. Als Kind aber hatte ich, schätze ich, zehn Mal so viele. Mein nicht nur als Fotograf, sondern auch als Schleichhändler geschickter Vater hatte immer wieder eine Anzahl davon vom Naschmarkt oder aus dem Resselpark mitgebracht.

Und nach und nach füllten sie eine große Schachtel. Eine Schachtel, auf deren Deckel das blaustichige Bild einer Wäsche waschenden Hausfrau verblasste. Eine Schachtel, die ich nicht allein heben konnte oder sollte, weswegen ich sie schleifte. Aus dem Kabinett, wo sie unter meinem Bett verstaut war, zog ich sie Richtung Küche.

Meist kamen dann, durch das Schleifgeräusch alarmiert, meine Mutter oder mein Vater, um mir zu helfen. Du kannst uns doch rufen, wenn du mit den Bausteinen spielen willst, wie oft sollen wir dir das noch sagen! Aber das geht mir bei einem Ohr hinein und beim anderen hinaus. Ich bin jetzt schon ganz auf mein Bauprojekt konzentriert: Ich will einen Turm bauen, noch schöner und höher als das letzte Mal.

Natürlich sind solche Bausteine nach heutiger Auffassung kein kindergerechtes Spielzeug. Es könnte ja sein, dass sie dem Kind auf die Finger oder auf die Zehen fallen.

Und das passiert auch manchmal, ich erinnere mich an den damit verbundenen Schmerz. Doch ich verbeiße den Schmerz und versuche es wieder.

In meiner Spielecke kniend oder hockend will ich einen Turm bauen, der bis ans Fensterbrett hinaufreicht. Doch um die letzten Bausteine aufzutürmen, werde ich aufstehen müssen. Durch meine Bewegung, so vorsichtig ich sie auch ausführe, wird der Turm ins Schwanken geraten. Und dann wird er zusammenstürzen und einen Riesenkrach machen – die Katze kennt das schon und beobachtet meine Tätigkeit mit entsprechender Skepsis.

Na bravo, sagt meine Mutter, jetzt hast du es wieder einmal geschafft! Dann kniet sie neben mir und hilft mir, die Bausteine in die Waschpulverschachtel zurückzuräumen. Mach dir nichts draus, sagt sie, komm, ich les dir was vor. Und schon sitze ich neben ihr auf der Küchenbank.

Mir ist jetzt meist kalt, auch wenn das Wetter draußen

vor dem Fenster schön aussieht. Aber diese Erinnerung, sage ich zu der jungen Frau mit dem Mikro, diese Erinnerung wärmt mich. Wir zwei auf der Küchenbank, vor uns auf dem Tisch liegt ein Buch, hinter uns auf dem Herd steht ein Topf, in dem etwas auf kleiner Flamme vor sich hin kocht. Durch das Fenster über meiner Spielecke, in der noch ein paar vergessene Bausteine liegen geblieben sind, fällt ein immer längerer Schatten, der Nachmittag geht langsam in den Abend über.

Aus den meisten Büchern, die mir jetzt einfallen, hat meine Mutter mir schon oft vorgelesen. Manche sind mir, ehrlich gestanden, schon etwas zu kindisch. Verglichen mit den Geschichten, die mir die belesene Oma erzählt, auf unseren Spaziergängen durch in meiner Erinnerung nach wie vor romantisch verwilderte Grünanlagen. Aber *Der kleine Peter in der Katzenstadt* gefällt mir noch immer.

Das hat natürlich damit zu tun, dass ich mich mit dem Helden identifizieren kann. Erstens heißt er Peter, zweitens ist er ein Kater, was brauche ich mehr? Zwar ist seine Geschichte, wie ich später analysieren werde, bei allen am Anfang des Textes erzählten Dummheiten (Biss in eine Plastilinmaus) und Streichen (Eintauchen des Schwanzes der weißen Miez in die schwarze Tinte) letzten Endes die Geschichte einer biederen Anpassung, prototypisch, wenn man sie als kleinen Bildungsroman liest, der ja über mindestens die Hälfte seiner wenig mehr als fünfzig Seiten in der Schule spielt. Aber auch das werde ich erst so sehen, sobald ich studiere (ja, stimmt: auch ein paar Semester Germanistik werde ich mir dann antun), und obwohl mir die Irrungen und Wirrungen des Jungkaters schon mit vier oder fünf nur mehr halblustig vorkommen, freut es mich doch, dass er am Ende seine Miez heiratet und Bürgermeister wird.

Im Übrigen kommt es mir gar nicht so sehr darauf an, *was* meine Mutter mir vorliest, als vielmehr darauf, *dass* sie mir vorliest. Dass sie mir vorliest und dass ich ihr bei dieser Gelegenheit so nah sein darf. Während sie mit angenehmer Stimme und schöner Betonung liest, lehne ich mich erst nur ein wenig, nach und nach aber mehr und mehr an sie. Bis es ihr zu viel wird – Jetzt sitz doch grad, sagt sie, wenn du mich immer weiter an den Rand der Bank drängst, fallen wir noch beide hinunter!

Die Stimme meiner Mutter … In meinem Kopf kann ich sie nicht mehr zum Klingen bringen … Ihr Gesicht kann ich manchmal sehen, wenn ich die Augen schließe … Mit ihrer Stimme jedoch gelingt das nicht so … Das ist schade, denn ich würde sie gern noch einmal singen hören.

Damit fing sie meistens ganz unangekündigt an. Auf einmal sang sie und war schon mitten in einem Lied. *Heute wolln wir Hafer schneiden,* sang sie dann zum Beispiel, *und die Garben binden. Hab verloren meinen Schatz, kann ihn nicht mehr finden.*

Und das war ja eigentlich traurig, aber ich mochte es. Den Text bringe ich allerdings nur mehr lückenhaft zustande. Mir kommt vor, dass das Mädchen, das seinen Schatz verloren hatte, am Abend, nachdem die Ernte eingebracht war, noch nach ihm suchte – *such ihn hier, such ihn dort,* hieß es, *such ihn unter allen* … Aber dann war sie sich anscheinend gar nicht mehr so sicher, wie er aussah, da kamen offenbar mehrere in Frage, denn: *Einer wird der Liebste sein,* hieß es, *könnt mir sehr gefallen.*

Und dann wurde auf einem Tanzboden getanzt, und da fand sie möglicherweise einen anderen, den sie dann nahm, weil er auch ganz nett war. Oder interpretiere ich das falsch, oder war das schon in einem anderen Lied? *Und als sie kam und als sie kam / da sahen sie sich beide an* – hier wiegte meine Mutter immer recht kokett den Kopf – *da sahen sie sich beide an / und reichten sich die Hände.*

Verlorene Schätze kamen in den Liedern, die meine Mutter gern sang, übrigens oft vor. Auch in dem Lied, in dem sich ein Schiff vom Land wegbewegte, und ein junger Mann seinem *Schatzerl,* wie es hier hieß, noch einmal die Hand reichte, aber dann war schon zu viel Wasser zwischen ihnen. *Wir fahren übers weite Meer,* hieß es darin, *mein Schatzerl seh ich nimmermehr,* oder so ähnlich. Und das war natürlich erst recht traurig, aber ich mochte es auch, obwohl oder gerade *weil* ich, wenn ich es wieder einmal gehört hatte, später, im Bett, ein diffuses Fernweh empfand.

Meine kleinen Expeditionen in der Umgebung unseres Wohnhauses. Im letzten Jahr vor meinem Schuleintritt darf ich doch etwas häufiger hinunter *auf die Gasse.* Ein bisschen Streunen wird ihm nicht schaden, sagt mein Vater. Aber ich soll in Sicht- und Rufweite bleiben, sagt meine Mutter.

Gewiss halte ich mich nicht strikt an diese Vorgabe. Aber ich bin dabei erstaunlich zögerlich. Von Streunen, wie sich mein Vater das vorstellt, kann keine Rede sein. Vorsichtig setze ich einen Fuß vor den anderen.

Schon eigenartig: Im Vergleich mit »normalen« Kindern, die kaum je aus dem Stadtviertel hinauskamen, in dem sie wohnten, war ich viel herumgekommen. Nicht nur mit der Oma, die mich regelmäßig zu weiten Spaziergängen abholte, nicht nur mit dem Papa, der fotografierte, was der Tag ihm zutrug, und mich dann manchmal mitnahm, wenn er mit den flink ausgearbeiteten Fotos die Zeitungen abklapperte, die ihre Redaktionen im ersten, zweiten, sechsten, siebenten und sogar im achten Bezirk hatten. Mit beiden Eltern war ich nicht nur etliche Male beim Heurigen in Grinzing oder Nussdorf gewesen, sondern auch bereits zwei Mal in der Wachau. Einmal waren wir mit der Bahn bis nach Melk gefahren und dann, nachdem wir die Donau mit der Rollfähre überquert hatten, flussabwärts bis nach Krems gewandert, das andere Mal hatten wir es umgekehrt gemacht und waren von Krems flussaufwärts gegangen.

Die Wachau nämlich verbanden meine Eltern mit Erinnerungen an ihre junge Liebe, die noch kurz vor dem Krieg geblüht hatte. Und jetzt, da sie diesen Krieg und die ersten, schweren Jahre danach immerhin heil überstanden hatten, waren sie immer noch fast jung oder gaben sich jedenfalls so, mein Vater in kurzen Hosen und die Mutter im Dirndlkleid, in dem sie mir gut gefiel (besonders der Ausschnitt über der Brust gefiel mir, in den ich viel Einblick hatte, wenn sie sich zu mir herabneigte, um mein Schuhband fester zu schnüren, eine Fertigkeit, die ich, obwohl ich doch andererseits über mein Alter hinaus gescheit war, immer noch nicht zureichend beherrschte). Und wir wanderten auf der gelben Sandstraße an der dort wirklich fast blauen Donau entlang, und die Obstbäume blühten trotz allem, was da, zwischen Melk und Krems und woanders, zwischen 1938 und 1945 *passiert* war. Und das war schön, und erst recht war es schön, weil ich jetzt dabei sein konnte.

Ich war also beinahe weltläufig, könnte man sagen. Und in der Rolle als kleiner Erwachsener versetzte ich manche der Großen, die andere Kinder gewohnt waren – ihnen gegenüber fast sprachlose, schüchterne, scheue –, oft in Erstaunen. Aber es war etwas anderes, den kleinen Erwachsenen zu spielen, solang eine der vertrauten Hände in der Nähe war (Omas Hand, Papas Hand, Mamas Hand), an der ich mich gegebenenfalls festhalten konnte. Oder allein unterwegs zu sein, als Kind, das kein Gassenbub sein soll und auch nicht werden will, in der zwar unmittelbaren, aber vorerst doch erstaunlich fremden Umgebung.

Hier bin ich auf einmal meiner selbst nicht so sicher. Und trotzdem neugierig. Also überschreite ich zwar die von meiner lieben Mama gesetzten Grenzen. Aber eben behutsam, Schrittchen für Schritt. Erst bis zur nächsten Ecke. Dann bis zur übernächsten Ecke. Dann zwei oder drei Häuserblocks weiter.

Schließlich komme ich bis zum Kardinal-Nagl-Park. Dem *Beserlpark,* wie ihn die anderen Kinder nennen, weil die dünnen Sträucher, die ihn einfrieden, aussehen wie kleine Besen. Von dieser Einfriedung aus, wohl auch ein bisschen dahinter getarnt, beobachte ich die Kleinen, die dort in der Sandkiste graben, eine Tätigkeit, für die ich mir schon etwas zu groß vorkomme, oder irgendwelche Spiele spielen, deren Regeln ich nicht kenne. Spüre ich das Bedürfnis, dabei zu sein, mitzumachen? Ich weiß nicht.

Und kehre dem Beserlpark lieber wieder den Rücken. Bin – aus meiner heutigen Position, dieser damals unvorstellbaren Entfernung von fast sieben Jahrzehnten, sehe ich es so – schon wieder auf dem Rückzug. Was für ein komisches Kind, dieser Bub namens Peter! Im Umgang mit Erwachsenen fast schon routiniert, aber im Umgang mit anderen Kindern gehemmt.

Die Kinder, das sind die anderen – dieser Satz steht in einem Buch über einen gewissen Pepi Prohaska.

Und wer ist jetzt *der*, fragt die Frau S.

Ein literarischer Verwandter.

Aha, sagt die Frau S. Noch so ein Doppelgänger.

Na ja, sage ich – in gewissen Abschnitten unserer Kindheit sehen wir einander recht ähnlich; aber miteinander verwechseln soll man uns auch nicht.

Den kleinen Peter sehe ich jetzt jedenfalls, wie er aus dem Beserlpark, bis zu dem er immerhin vorgedrungen ist, zurückgeht, Richtung Keinergasse. Nach wie vor nicht besonders schnell, nicht ganz altersgemäß – unten gehen die Beine so nebenbei vor sich hin, als würde der Kopf oben hauptsächlich nachdenken. Dieser in Relation zu dem noch kleinen Körper, scheint mir, etwas zu große Kopf. Aber vielleicht liegt dieser Eindruck nur an der Perspektive.

Peter, der sich bemüht, die Namen der Gassen zu entziffern, an denen er vorbeikommt. Hier ist die *Rabengasse* und da die *Rüdengasse*. Manchmal beschwindelt er sich ein wenig – er wird gehört haben, wie diese Gassen heißen. Doch das Wort *Lustgasse* kann er wirklich schon lesen.

Ich weiß nicht mehr, wann das mit Friedi begonnen hat. Ich weiß nur noch, dass wir uns dort unten immer wieder trafen. Dort unten, an diesem Fenster im Erdgeschoss. In diesem toten Gang, in dem es keine Wohnung mehr gab, außer die der alten Frau Weidinger, und die war ja selbst schon halbtot.

Jedenfalls war sie taub und (Gott sei Dank) halbblind. Was macht ihr denn da, fragte sie, als sie uns trotzdem einmal überraschte. Ihre dürre Stimme, wie die einer Hexe.

Natürlich erschraken wir. Aber sie hatte nicht gesehen, was wir taten.

Wir waren so vertieft ineinander gewesen. Auf diesem Fensterbrett sitzend, einander vis-à-vis. Es war ein breites Fensterbrett, es bot genug Platz für zwei Kinder unserer Größe. Ein staubiges Fensterbrett, darüber Spinnweben an den Fensterflügeln – aber das kümmerte uns wenig.

Wie aus dem Küchenfenster einen Halbstock höher, würde man auch aus diesem Fenster hinaus in den Hof sehen. Allerdings aus einem recht anderen Blickwinkel. Wir sind ja hier nicht im Mezzanin, sondern im Parterre. Und anscheinend hat sich der Boden des Gangs ein wenig gesenkt, denn das rostrote Pflaster draußen (Katzenkopfpflaster, Ratzenkopfpflaster) reicht fast an die Höhe des Fensterbretts herauf.

So wie wir auf dem Fensterbrett sitzen, einander gegenüber, schauen wir allerdings kaum in den Hof hinaus. Da sind wir auf etwas anderes konzentriert. Friedi hat ihr Kleid, dieses Fähnchen, über die Knie und die Oberschenkel hinaufgeschoben, ich habe Hose und Unterhose hinuntergezogen. Wir zeigen einander, was uns unterscheidet.

Wie kurz, wie lang? Ich könnte es nicht mehr sagen. Aber auch wenn es nur Augenblicke sind, so sind es Augenblicke einer eigenartigen Versunkenheit. Und sicher sind es Augenblicke, die auf Wiederholung aus sind. Da ist eine Kraft im Spiel, die uns immer wieder dorthin zieht.

Ich weiß nicht mehr, wie wir unsere Treffen dort vereinbart haben. Wahrscheinlich durch Zeichen, von Fenster zu Fenster, quer über den Hof. Doch manchmal, so scheint es mir, hat es gar keine Vereinbarung gebraucht. Da haben wir einander ganz einfach dort unten vorgefunden.

Und jetzt sehe ich Peter (5), wie er, von seiner Exkursion auf den Kardinal-Nagl-Platz zurückgekehrt, zum Haustor hereinkommt. Geradeaus geht es die Stiegen hinauf, links geht es in diesen zwielichtigen Gang. Hier bleibt er kurz stehen und späht in den Gang hinein. Ob Friedi da ist? Nein, schade. Gerade heute scheint sie nicht da zu sein.

Aber das Kino! Habe ich noch nicht vom Kino erzählt? Nur von den Tauben auf dem Kinodach? Nichts von dem, was es unter dem Dach zu sehen gab? Dann wird es Zeit, dass ich darauf zu schreiben komme.

Das Kino war ein Bereich ganz wichtiger Erfahrungen. Nicht nur für mich, sondern fast für die ganze Generation. Und schon für ein, zwei Generationen davor. Wahrscheinlich schwer vorstellbar für Generationen, die gewohnt sind, viel mehr auf Bildschirme zu schauen als auf Kinoleinwände.

Wie wichtig das Kino war und wie viele Kinos es gab! Zum Beispiel nur die in unserem Umkreis. Da war ja nicht nur das *Capitol-Kino*, gleich auf der anderen Straßenseite. Da gab es, kaum zehn Gehminuten von unserer Ecke entfernt, auch das *Rabenhofkino* und das *Eoskino* … Und jetzt denken Sie vielleicht, dass das schon relativ viele Kinos waren. Aber das waren ja nur die drei allernächsten. Wenn man auf der Erdbergstraße Richtung Rochusmarkt ging, kam man an den *Erdberger Lichtspielen* vorbei. Und dann, vielleicht zweihundert Meter nach dem Markt, gab es das *Landstraßer Bürgerkino* … Noch ein paar Kinos in Wien III gefällig? – Aber bitte, daran bestand wirklich kein Mangel. – Ging man vom Markt die Rasumovskygasse hinunter und bog dann in die Löwengasse ab, so kam man zu den *Löwen-Lichtspielen*, deren Portal mir besonders gut gefiel, weil es von zwei Löwen flankiert war. Und am anderen Ende des Bezirks, in der Fasangasse, gab es noch die *Fasan-Lichtspiele* – doch um zu Fuß dorthin zu kommen, mussten wir schon ungefähr eine halbe Stunde vor Vorstellungsbeginn aufbrechen.

Aber natürlich war es für uns am einfachsten, ins *Capitol-Kino* zu gehen. Wir brauchten nur aus dem Haustor hinaus rechts um die Ecke zu biegen und die Hainburger Straße zu überqueren. Und schon standen wir vor den interessanten Schaukästen, in denen oft schon etwas vergilbte Szenenfotos aus den Filmen hingen, die hier gespielt wurden. Über dem Schaukasten links neben dem Eingang stand HEUTE, über dem rechts stand DEMNÄCHST IN DIESEM THEATER.

Das Wort *heute* konnte ich auch im Vorschulalter schon lesen, *demnächst in diesem Theater* war vielleicht noch etwas zu viel verlangt, aber damit verhielt es sich wohl so ähnlich wie mit den Straßennamen. Was heißt das, hatte ich meine Eltern wahrscheinlich gefragt, und sie hatten es mir vorgelesen. Und dann *wusste* ich eben, was das hieß. *Demnächst,* das heißt also in ein paar Tagen, *in diesem Theater,* das heißt in diesem Kino, aber es hört sich so besser an.

Ich habe gesagt oder geschrieben, dass die Erfahrung mit dem Kino eine wichtige Erfahrung für meine ganze Generation war. Ich war gewiss nicht der Einzige, der sie machte. Aber ich kam sehr früh und sehr oft ins Kino. Schon mit vier oder fünf Jahren, kommt mir vor, ungefähr zwei Mal pro Woche.

Die Häufigkeit unserer Kinobesuche ergab sich allerdings nicht nur aus der Nähe des Kinos. Sie hing auch mit den Fotos zusammen, die mein Vater dem Besitzer oder Pächter des Kinos geliefert hatte. Er hatte das, realistisch betrachtet, doch recht schlichte Kino, für das die Bezeichnung Theater reichlich übertrieben schien, so fotografiert, dass es nach etwas aussah. Von außen mit Weitwinkel, aber auch innen aus raffinierten Perspektiven.

Vor allem aber hatte er den Kinoboss, wie er diesen dicken Herrn nannte, und seine neben ihm erstaunlich dünne Frau, die vor den Vorstellungen am Buffet im Foyer saß und Süßigkeiten verkaufte, fotografiert. Hatte sie so fotografiert, dass sie sich selbst gefielen. So etwas konnte er eben gut, mein Papa. Außerdem hatte er für diese Serie, immerhin an die zwanzig tadellos ausgearbeitete und von meiner Mama sorgfältig retuschierte Fotos, nur einen Nachbarschaftspreis verrechnet – und diese Art Großzügigkeit lohnte sich meistens.

In diesem Fall dadurch, dass wir von da an für die Karten im *Capitol-Kino* nur den halben Preis bezahlten. Und dass wir Stammplätze in der Balkonloge hatten. Zumindest nannte sie mein Vater so. *Unsere Stammplätze,* sagte er, wir sitzen wieder *auf unseren Stammplätzen.*

Er tat so, als ob diese Plätze für uns reserviert wären. Die Wahrheit war eher, dass dort ohnehin selten bis nie jemand anderer sitzen wollte. Erstens, weil die Karten für diese Plätze, zum vollen Preis bezahlt, doch etwas teurer gewesen wären als die im Parkett. Zweitens aber, weil die Loge, ein schachtelartiges Räumchen von etwa zwei Mal zwei Metern, nüchtern betrachtet doch recht eng war, und erwachsene Menschen von normal großem Wuchs, auch wenn sie es schafften, sich auf die mit schon ziemlich abgeschabter

Goldfarbe gestrichenen Stühle zu zwängen, vermutlich ihre Beine nicht ausstrecken konnten.

Nun war aber mein Vater nicht größer als 1,52. Und meine Mutter, die vielleicht ein oder zwei Zentimeter größer war als er, gab sich Mühe, ihn das nicht merken zu lassen. Für ihre Beine war also Platz genug. Was mich betraf, so saß ich, jedenfalls in den Vorschuljahren, noch auf Mamas oder Papas Schoß, da konnte ich die verschränkten Arme auf die mit rotem Plüsch überzogene Balustrade stützen.

Und sah zum Beispiel Tarzan, der sich auf imposanten Urwaldbäumen irgendwo in einem paradiesischen Afrika von Ast zu Ast schwang. Er tat das mit Hilfe von Lianen, die nicht abrissen, obwohl der fünffache Olympiasieger Johnny Weissmüller, der ihn verkörperte, dieser klassische Tarzan, mit seit seinem Rückzug als Meisterschwimmer dezent speckunterfütterten Hüften, bestimmt ein gewisses Gewicht hatte. Unten, in Gewässern, die mich ans Heustadelwasser im Prater erinnerten, weil ihre Oberfläche auf ganz ähnliche Weise mit Wasserpflanzen bedeckt war, lauerten Krokodile. Und Tarzan, selbst wenn er einmal versehentlich doch ins Wasser fiel oder einfach Lust auf ein Bad hatte, konnte immer noch schneller schwimmen als diese hinterhältigen Reptilien.

Sehr leichtfüßig zu Lande hingegen trieb Robin Hood sein fröhliches Widerstandswesen in Sherwood Forest. Während in einem Kalifornien, das mir auch in der Erinnerung noch ganz spanisch vorkommt, Zorro, der Mann mit der Maske, für Gerechtigkeit sorgte. Ich sah auch viele Cowboys und Indianer und viel zu viele Jäger und Wilderer. Aber am liebsten waren mir die Piratenfilme – *Herr der sie-*

ben Meere, König der Freibeuter, Der schwarze Schwan und wie sie sonst noch hießen – Piratenfilme wurden mir nie langweilig.

Mein Lieblingspirat war der Schauspieler Errol Flynn. Der kletterte nicht nur sehr malerisch in der Takelage schöner, alter Schiffe herum, sondern konnte auch sagenhaft gut mit dem Degen umgehen. Mit einen Arm focht er, mit dem anderen hielt er tief dekolletierte Frauen umfasst. Frauen, die er vor Konkurrenzpiraten oder unbeherrschten Typen in der eigenen Mannschaft beschützte.

So wollte ich auch gern werden, wenn ich groß war. Pirat war wahrscheinlich mein erster Traumberuf. Noch bevor ich Schriftsteller werden wollte. Im Ernst?, fragt die junge Frau mit dem Mikrofon. Na ja, vielleicht doch nicht so ganz im Ernst.

Aber ich ließ mich gern als Pirat verkleiden. Mit einem roten Tuch auf dem Kopf und einer schwarzen Augenbinde. Im Fasching. Da veranstalteten meine Eltern für mich einen Kinderball. Klar war Friedi eingeladen, aber leider wurde sie am Tag oder in der Nacht davor krank (Feuchtblattern? Mumps? Keuchhusten?) und konnte nicht kommen.

Natürlich sah ich im Kino auch Laurel und Hardy. Denen, unabhängig von der Weltgegend, in der sie sich gerade befanden (einmal trieben sie sich im Wilden Westen herum, das andere Mal in der Wüste), ein komisches Missgeschick nach dem anderen passierte. Und selbstverständlich lachte ich auch über Charlie Chaplin. Der jedoch, so lustig er daherkam, mit den zu großen Schuhen und dem Spazierstöckchen, das er virtuos bewegte, immer auch etwas Trauriges hatte.

Und – stimmt – ich sah auch die damals beliebtesten heimischen Lustspiele. Ich erinnere mich an die Mimik und Gestik von Hans Moser und Paul Hörbiger, Theo Lingen und Grethe Weiser, Oskar Sima und Jane Tilden. Mir fallen Titel ein wie *Hallo Dienstmann* oder *Sieben Jahre Pech*. Aber ich sah auch noch ganz andere Filme.

Filme, die ich eigentlich gar nicht sehen sollte. Unter dem Plakat, das zum Besuch des Films *Bitterer Reis* verlockt (Silvana Mangano, im Wasser eines Reisfeldes watend, das rote Kleid, das um die Brust herum extrem spannt, bis an die Oberschenkel herauf geschürzt), unter diesem Plakat steht groß und deutlich *Jugendverbot*. Das kann ich als Schüler der ersten Klasse schon lesen. Doch als Kind eines fixen, ein bisschen hochstaplerischen Vaters muss ich es nicht wirklich ernst nehmen.

Mein Papa, der mit dem Kinoboss per du ist, steckt dem Billeteur ein kleines Trinkgeld zu. Und ohne weiteres wird uns die Tür zur Loge geöffnet. Und – husch – bin ich drin, und schon sitze ich auf meinem Platz und verschränke die Arme auf der Balustrade. Von den gewöhnlichen Kinobesuchern, die unten im Parkett sitzen, wird meine Anwesenheit da oben kaum bemerkt.

Sind meine Eltern schlicht fahrlässig, oder gehen sie davon aus, dass ich ein kluges Kind bin, dem man auch Filme wie diesen schon zumuten kann? Möglicherweise nehmen sie mich einfach deshalb mit, weil sie mich nicht allein zu Hause lassen wollen (ich könnte mich fürchten). Ich bin ein aufgewecktes, aber etwas verträumtes Kind, also ein Kind mit viel Phantasie. Einmal träume ich, dass die Tür, die mein Vater zugenagelt hat, sich trotzdem öffnet (das kommt wahrscheinlich vom Zugwind) und dann, für den Rest der Nacht, einen Spaltbreit offen steht.

Jedenfalls sind die Filme, die ich mit meinen Eltern sehe, erst recht Futter für meine Phantasie. Und ich lasse mich sehr bereitwillig füttern. Gewiss ist manches, was ich da zu sehen bekomme, beunruhigend – manche unheimliche Szenen daraus tauchen bis heute in meinen Träumen auf. Doch vieles findet das Kind, das ich damals bin – ein infolge all dieser Umstände zweifellos etwas merkwürdiges Kind –, vor allem aufregend und anregend und bildet sich was darauf ein, das gesehen zu haben.

Etwas, das andere Kinder in seinem Alter eben *nicht* sehen, weder Friedi noch seine Schulkollegen. Denen kann Peter dann davon erzählen. Manchmal gerät er dabei auch ins Dampfplaudern und erzählt den Inhalt von Filmen, die er denn doch nicht gesehen hat, etwa den des Films *Die Sünderin* mit Hildegard Knef, der 1951 (da geht er immerhin schon in die zweite Klasse) einen Skandal auslöst, mit Demonstrationen vor und Stinkbomben in den Kinos. Manchmal wird er sogar Filmszenen schildern, die nur in seinem Kopf gelaufen sind oder erst beim Erzählen entstehen.

Den Film aber, der mir jetzt einfällt, muss es wirklich gegeben haben, sage ich zu der jungen Frau mit dem Mikro. Obwohl ich mich nicht mehr an seinen Titel erinnere. Und ich muss ihn noch im Vorschulalter gesehen haben. Denn die Musik aus diesem Film habe ich gehört, als ich, noch vor meinem Schuleintritt, wegen eines Leistenbruchs operiert werden sollte und eine Äthernarkose bekam.

Das war ein Film, in dem eine Gruppe Höhlenforscher, verwegen aussehende Männer und eine Frau, deren Frisur auch tief unter der Erde nicht aus der Form geriet, in ein ebenso interessantes wie unheimliches Höhlensystem vordrang. Und dazu gab es diese Musik, die sich immer zwischen zwei Tönen hin und her bewegt. Ein ganz eigenartiges Intervall, suggestiv gerade durch die ständige Wiederholung. Die Musik setzt ein, bevor ich einschlafe, eine Schwester, die ich mit einer weißen Flügelhaube in Erinnerung habe, drückt mir eine Maske aus leichtem, sehr weißem Gazestoff aufs Gesicht, und ich soll zählen, ja, genau, ich soll bis zehn zählen, aber ich glaube, ich komme nur bis sieben.

Leistenbruch links, ein kleiner, weicher Hügel, der da auf einmal zu spüren, zu tasten und auch zu sehen war. Hinderlich, wenn ich mit Friedi auf unser Fensterbrett im Erdgeschoss kletterte. Gewiss auch ein bisschen peinlich im Zuge unserer gegenseitigen Betrachtung. Was hast du da, fragte sie. Nichts, sagte ich. Aber da war ja doch etwas.

Und das musste nun eben operiert werden. Im Herz-Jesu-Spital, gleich Ecke Keinergasse/Landstraßer Hauptstraße. Die Musik schwoll an, in meinem Kopf war kein Platz mehr für etwas anderes. Und dann fiel ich rückwärts, in einen tiefen Brunnenschacht.

Bei der Operation, die ich nun, vor kurzem, überstanden habe, ging es nicht so romantisch zu. Was denn, Äther!?, lachte der Krankenpfleger – das war vor hundert Jahren! Dann gab er mir eine Spritze, und schon war ich weg. Keine Schwester mit Flügelhaube, keine Maske aus weißer Gaze, kein Zählen bis zehn oder auch nur bis sieben, kein Ton Musik.

IV

HEUTE STEHE ICH früher am Fenster als gestern. Erst wenig Sonne fällt ein, der Schatten, den das Einbahnzeichen auf der anderen Straßenseite wirft, ist noch ganz kurz. Doch der Verkehr fließt schon und wird von Minute zu Minute dichter. Außerdem ist die Müllabfuhr unterwegs, der Stau, der dadurch entsteht, ist kaum zu vermeiden.

Fünfzig Meter die Gasse abwärts, auf unserer Straßenseite: die Schule. In der Viertelstunde vor Schulbeginn ziehen Scharen von Schülerinnen und Schülern vorbei. Hundert Meter die Gasse aufwärts, auf der anderen Straßenseite: das Caritasheim. Dorthin bewegen sich um diese Zeit immer neue Gruppen von Hilfsbedürftigen.

Die Schüler und Schülerinnen sind an den Lärm gewöhnt, sie wachsen mit ihm auf, sie schaffen es fast, ihn noch zu überschnattern und zu überschreien. Sie sind zeit- und ortsangemessen gekleidet (jedes zweite Kind ein Werbeträger für irgendein cooles Label). Die abgerissenen Gestalten auf der anderen Straßenseite hingegen tragen abgeschabte Seesäcke auf dem Rücken und ziehen ausgebeulte Koffer hinter sich her. Aber darüber hinaus bringen sie etwas mit, schleppen sie etwas ein, das ... na ja ... sagen wir, etwas, das irritiert.

Sagt eine Dame, die in der Nähe wohnt. Natürlich soll den Leuten geholfen werden, aber ausgerechnet hier? Die stehen in Rudeln vor dem Caritashaus herum, manchmal setzen sie sich sogar auf den Gehsteig. Wo sind wir denn?, denkt sie manchmal, wenn sie aus dem Fenster schaut, sind wir noch in Wien, oder ist das schon der Balkan?

Uns haben die Leute, die da manchmal herumstehen oder herumsitzen, nicht gestört. Als wir hier eingezogen sind, vor mehr als zehn Jahren. Die haben uns, sage ich, wenig Sorgen gemacht. Unsere Sorge war eher der Straßenverkehr.

Würde es vor den straßenseitigen Fenstern nicht zu laut sein? – Um das zu testen, setzte ich mich in den Vorgarten der Pizzeria an der gegenüberliegenden Ecke. *La Luna* hieß sie, und über dem Eingang hing ein gelber Mond aus Plexiglas und Plastik. Leider gibt es sie inzwischen nicht mehr.

Innen war sie ein bisschen kitschig eingerichtet, mit allerlei Gipssäulchen und einem farbig plätschernden Brunnen. Aber der Vorgarten draußen auf dem Gehsteig war nett. Und der Wirt war ein freundlicher Mensch, auch wenn die Pizza, die er auf den Tisch stellte, für meinen italophilen Gusto zu dick und zu weich war. Aber darum ging es ja nicht, die Pizza und der Chianti, den ich mir dazu bestellte, waren nur ein Vorwand, um eine Weile sitzen zu bleiben und einen Eindruck von der Verkehrsdichte und der Akustik in dieser Gasse zu bekommen.

Da saß ich also, mit Blick auf das schöne alte, ebenerdige Haus, dem Fenster, aus dem ich jetzt schaue, schräg vis-à-vis. Später kam Eva dazu und setzte sich zu mir. Ob da nicht doch ein paar Autos zu viel vorbeifuhren? Wir waren uns nicht ganz sicher, aber dann sahen wir die Katze auf dem Dach.

Die Katze, wie sie geschickt auf dem First balancierte. Nicht einmal besonders vorsichtig, sondern recht flott –

anscheinend machte sie das öfter. War das schon Mimí, die Dreifarbige? Nein, ich glaube, es war eine andere. In meiner Erinnerung ist ihr Fell eher getigert.

Doch diese Katze war eine Entscheidungshilfe. Ein Haus, auf dessen Dachfirst Katzen spazieren gingen – so ein Haus gefiel uns. Da kam uns der Verkehr, der an uns vorbeirumpelte, gleich weniger dicht vor, und der Lärm, den die paar Autos beim Überwinden der ins Pflaster eingearbeiteten Schwellen machten, eigentlich halb so schlimm. Ja, sagten wir und bestellten uns noch zwei Gläser Wein, um darauf anstoßen zu können, wir werden die Wohnung in diesem Haus mieten.

Außerdem schauten nicht alle Fenster hinaus auf die Straße. Die meisten öffneten sich in den Innenhof. Und dieser Hof hatte seinen besonderen Charme. Mit dem hohen Kastanienbaum und dem blühenden Strauch, der auf den ersten Blick aussah wie ein Fliederbusch, auch wenn er das nicht sein konnte, denn der Mai war längst vorbei.

Der Busch blüht noch immer, erstaunlich, er blüht fast das ganze Jahr. Wenn man ihm näher tritt, hört man, wie es in ihm summt. Er ist beliebt bei Bienen und Hummeln, die ihn wer weiß woher anfliegen. Auch Schmetterlinge, die das Gift auf dem Land und der Smog über der Stadt noch nicht umgebracht haben, hängen sich manchmal an die Blütentrauben und saugen.

Der Kastanienbaum allerdings ist nicht mehr das, was er damals war. Wenn wir durch die Schulgasse auf das Haus zugegangen sind, haben wir immer wieder gestaunt, wie hoch seine Krone das Dach überragt. Das durfte nicht so bleiben, die Bäume sollen nicht in den Himmel wachsen. In den letzten zehn Jahren hat es immer häufiger Sturmwarnungen gegeben.

Also hat man den Baum zurückgestutzt. Er hat dann eine Zeitlang bemitleidenswert ausgesehen. Wir haben uns nicht vorstellen können, dass er sich noch einmal erholt. Aber er hat sich nicht unterkriegen lassen – zwar hat sich sein Aussehen verändert, er wächst nun eher in die Breite als in die Höhe, aber er lebt.

Im Vorhof der Schule, die ich ab Herbst 1949 besuchte, standen zwei Kastanienbäume. Ob sie dort immer noch stehen? Wenn ich wieder etwas besser auf den Beinen bin, sollte ich hingehen und nachsehen. Gegen die Straße zu war dieser Vorhof durch ein grünes Gitter abgeschirmt, im Bereich zwischen diesem Gitter und dem Tor der Schule lagen gegen acht Uhr morgens manchmal noch viele Kastanien. Braun glänzende Rosskastanien, die der Wind über Nacht von den Bäumen geblasen hatte – wenn man Glück hatte, konnte man sich auf dem Weg zum Tor noch rasch bücken und ein paar davon in die Hosentaschen stecken, bevor der Schulwart mit dem Rechen und der großen Schaufel kam.

Über dem Schultor stand ein die eintretenden Kinder segnender Jesus aus Stein. Zu seinen Füßen der Spruch *Lasset die Kleinen zu mir kommen*. Die Schule in der Erdbergstraße war zwar keine geistliche Schule, sondern eine Schule der Gemeinde Wien. Aber vielleicht hatte sie früher den Schulbrüdern gehört, die in einem an die Schule angrenzenden Trakt eine Ausspeisung betrieben.

Von dort wehte der Geruch nach Einbrennsuppe zu uns herüber. Dieser Geruch stand da merkwürdiger Weise schon um acht Uhr früh. Vielleicht war es allerdings noch gar nicht der Geruch der Suppe, die am jeweiligen Tag gekocht wurde, sondern der Geruch der Suppe vom Vortag. Er vermischte sich mit dem Geruch nach Sidol, das zur Reinigung des Fußbodens im Vestibül und der Treppenstufen verwendet wurde.

Im Halbstock des Treppenaufgangs war ein Fenster. Durch dieses Fenster schaute man nicht hinaus auf die Erdbergstraße, sondern über den Innenhof der Schule bis hinüber zur Hainburger Straße. Kein höheres Gebäude dazwischen – in unserem Viertel kamen die Wiederaufbauarbeiten nicht so rasch voran. Da sah ich tatsächlich noch unser kriegsbeschädigtes Haus und mein Erkerfenster, und wenn ich es schaffte, im Strom der Schulkinder, die nach oben drängten, für einen Augenblick stehen zu bleiben, glaubte ich auch, einen kleinen schwarzen Knäuel auf dem Sims davor zu sehen.

Man steht am Fenster. Damals, in den Fünfzigerjahren gab es eine Radiosendung dieses Namens. *Der außenpolitische Kommentar von Vinzenz Ludwig Ostry.* Ein einprägsamer Name. Und eine einprägsame Stimme. Sonor. Ich habe mir diesen Herrn Ostry immer als großen, knochig gebauten älteren Herrn vorgestellt.

Der stand also am Fenster. Und schaute hinaus in die Welt. Eine Welt, von der ich mir erst nach und nach eine Vorstellung zu machen begann. Wo sind wir? In Wien. Einer Stadt, die in vier Zonen geteilt ist. Wenn man mit der Straßenbahn durch diese Stadt fährt, rufen die Schaffner oder die Schaffnerinnen alle paar Stationen das Wort *Zonengrenze.*

Wien ist zwar unsere Stadt, aber wenn sie sich in dieser

Stadt von einem Bezirk in den anderen bewegen, so brauchen die Erwachsenen eine Identitätskarte. Das Wort *Identität* ist nicht leicht auszusprechen, nicht einmal nur für ein relativ aufgewecktes Kind. I-den-ti-tät: Es gibt auch Erwachsene, denen das Aussprechen dieses Wortes offenbar Probleme macht. Der Einfachheit halber sagen die meisten lieber I-Karte.

Wer sind wir? Wir sind Wiener. Bewohner einer Stadt also, die Wien heißt. In Liedern, die ich zwar, kommt mir vor, schon als Kind mit einer gewissen Skepsis gehört habe, wird diese Stadt sentimental besungen. Wiener Wein Wiener Blut Wiener Charme Wiener Gemütlichkeit Wiener Walzer. Damals, als ich ein Kind bin, kann man den Vorteil, sich ausgerechnet hier in Wien vorzufinden, allerdings auch noch einigermaßen realistisch begründen.

Hier in Wien haben wir ja noch Glück gehabt, heißt es. Wenn man bedenkt, wie es anderen Städten am Ende des Krieges ergangen ist. Am Ende des Krieges, der noch immer in den Köpfen und Gesprächen herumspukt. Obwohl man ihn eigentlich rasch vergessen will.

Verglichen mit den Städten *draußen im Reich* sind wir ja hier noch halbwegs glimpflich davongekommen. Sicher, das Dach der Stephanskirche ist abgebrannt. Aber um eine Spende von ein paar Schillingen, den sogenannten Stephansgroschen, kann man symbolisch einen Dachziegel für St. Stephan kaufen. Zwar sind, das werde ich später nachlesen, 47 000 Gebäude in unserer Stadt beschädigt oder zerstört worden, darunter auch das Haus, in dem sich meine Eltern noch vor Beginn oder in den ersten Jahren des Krieges eine kleine Wohnung eingerichtet hatten (»unser Nestchen« hat mein Vater mit viel Liebe und wenig Scheu vor Kitsch unter die Fotos im »Familienalbum« geschrieben, das im Jahr 1938 oder 1939 beginnt, da sitzt meine Mutter, die noch ein bisschen aussieht wie ein Schulmädchen, weich gezeichnet unter einer trautes Licht spendenden Stehlampe und näht), doch das ist vergleichsweise halb so schlimm, über dieser Stadt haben die Flugzeuge der Sieger immerhin keinen Feuersturm ausgelöst.

Aber ich wollte von unserer Identität schreiben. In der Volksschule in der Erdbergstraße lernen wir, dass wir nicht nur Wiener sind, sondern auch Österreicher. Bewohner eines kleinen, aber *dem Erdteil inmitten* liegenden Landes. Dessen Namen man zwar in der dunklen Zeit, die nun überstanden ist, nicht einmal mehr nennen durfte – wir alle, die wir jetzt in den noch mit Tintenfässern, die der Schulwart aus einer großen Blechkanne nachfüllt, ausgestatteten Schulbänken sitzen, sind in der sieben Jahre lang so genannten Ostmark geboren, aber daran können wir uns Gott sei Dank nicht wirklich erinnern.

Jetzt darf man wieder Österreich sagen, ja man soll es sogar singen. *Land der Berge, Land am Strome, Land der Äcker, Land der Dome* – kaum sind wir in der ersten Klasse, lernen wir die Bundeshymne. *Heiß umfehdet, wild umstritten* – das Wort *umfehdet* kennt der Laptop, auf dem ich heute schreibe, offenbar nicht, er unterwellt es, und auch wir haben es damals wahrscheinlich kaum kapiert. Aber dass dieses unser *viel gerühmtes* (so heißt es in der ersten Strophe), *viel geprüftes* (so heißt es in der zweiten), *viel geliebtes* (so heißt es schließlich in der dritten), dass dieses Österreich, dem *Erdteil*, also Europa, von dem wir allerdings nur einen sehr vagen Begriff haben, *inmitten* liegt, *einem starken Herzen gleich* (also wie ein ganz besonderes Organ, das im

Lauf der Zeit schon einiges ausgehalten hat), das ist zwar ein bisschen geschwollen ausgedrückt, aber immerhin eine Orientierungshilfe.

In diesem Land also, im Sendegebäude des Senders Rot-Weiß-Rot in Wien VII, Seidengasse, steht der Herr Vinzenz Ludwig Ostry, der Mann mit der sonoren Stimme, am Fenster. Und wirft seinen außenpolitisch interessierten Blick hinaus über die engen Grenzen. Ich stehe auch am Fenster, nun wieder am Küchenfenster in Wien III, Keinergasse 11, und schaue beharrlich hinüber zu den Fenstern der Familie Neubauer. Während meine Mutter am anderen Ende unserer in meiner Erinnerung erstaunlich langgestreckten Küche über den Tisch gebeugt sitzt und beim Retuschieren von Fotos, die mein Vater noch am selben Abend in irgendeine Redaktion bringen soll, Radio hört.

Vielleicht will sie allerdings gar nicht die Sendung *Man steht am Fenster* hören, sondern die Sendung *Gute Ratschläge für die Hausfrau*. In meiner Erinnerung wird sowohl diese als auch jene Sendung von ein und derselben Stimme gesprochen. Es kommt mir so vor, als folgte die eine Sendung gleich auf die andere. Sodass die sonore Stimme zuerst über den Krieg in Korea spricht und dann, fast ohne Übergang und im gleichen Tonfall, darüber, wie man Tränen beim Zwiebelschneiden vermeidet.

Der Krieg in Korea muss irgendwann während meines ersten Schuljahrs begonnen haben. Oder war es bereits in den Sommerferien vor Beginn des zweiten Schuljahrs? NIE WIEDER KRIEG stand in meiner Nachkriegskindheit noch allenthalben an grauen Mauern, es stand da in großen, weißen Buchstaben, die um das Jahr 1950 schon ein wenig verblasst waren. Aber daneben stand nun in großen, roten Buchstaben, HÄNDE WEG VON KOREA, die Farbe glänzte und roch, fast als wäre sie noch nass.

Von diesem Land, das Korea heißt, habe ich damals natürlich nur eine sehr vage Vorstellung. Auch meine Mutter hat bis dahin noch kaum etwas von Korea gehört. Gott sei Dank ist es weit weg, irgendwo noch ein Stück hinter Sibirien, das ich mir wie eine endlose Schneewüste denke. Im allerfernsten Osten liegt dieses Korea, aber die sonore Stimme des Herrn Ostry bringt es uns beunruhigend nahe.

Der 38. Breitengrad ist überschritten worden.

Was ist ein Breitengrad?, frage ich meine Mutter.

Ein Breitengrad, sagt sie – ich glaub, das ist eine Grenze.

Jetzt fliegen Flugzeuge. Jetzt marschieren Soldaten. Jetzt werden Schiffe versenkt.

Obwohl bei uns an den Mauern NIE WIEDER KRIEG steht. Aber darauf ist offenbar kein Verlass.

Was meinen Sie, fragt meine Mutter den Vertreter der Buchgemeinschaft Donauland, der uns am Anfang jedes neuen Quartals besucht, werden wir hier auch etwas davon zu spüren bekommen?

Kommt darauf an, sagt er. Jedenfalls gibt es Gerüchte, dass die Amis einen Teil der Truppen, die sie hier bei uns stationiert haben, dorthin abziehen.

Aber das wär doch eigentlich gut, sagt meine Mutter.

Ja, sagt er. Aber es würde bedeuten, dass dort der Hut brennt. Die Rotchinesen, sagt er, sind ja im Vormarsch. Und da stecken natürlich die Russen dahinter.

So ungefähr. Natürlich erinnere ich mich nicht wortwörtlich an solche Dialoge. Aber die Stimmen, die ich jetzt in meinem Kopf höre, und was sie sagen rasch aufschreibe, *mit*schreibe, handschriftlich, was ich schon lang nicht getan habe, kommen nicht aus dem Nichts, sondern aus einem Nachklang von damals. Und ich sehe auch die Bilder dazu – in diesem Fall meine Mutter, wie sie dem Donaulandvertreter, für den sie immer eine Flasche mit dem Kräuterlikör auf den Tisch stellt, den eine ihrer Schwestern geschickt hat (die Tante Hella, die auf dem Land lebt und gut mit den Bauern umgehen kann, weil sie ihren Dialekt spricht), wie meine Mutter dem Donaulandvertreter, der eine rostbraune Narbe am Hals hat, nachschenkt. Und wenn dann auch noch die Russen dort eingreifen, sagt er, und kippt den moosgrünen Saft auf einen Schluck – dann wünsch gute Nacht!

Ich sollte das alles abtippen, solang ich es noch lesen kann. Damals, als ich die erste und zweite Volksschulklasse besucht habe, habe ich zwar schön, also möglichst leserlich, zu schreiben gelernt, aber davon ist über die Jahre, die seither vergangen sind, nicht viel geblieben. *Dann wünsch gute Nacht*, hat der Vertreter also gesagt, und das Kind, das ich damals war, könnte sich gefragt haben, warum er dann (wenn auch die Russen in Korea eingreifen) gute Nacht wünscht. Aber das würde der Donaulandvertreter (meine Mutter nennt ihn den Donauländer) gleich klarstellen: Dann wäre es nämlich so weit, sagt er, dass sich die Amis und die Russen, die sich *gegen uns* noch zusammengetan haben, aber das war doch absehbar, dass diese Freundschaft nicht lang hält, als Gegner gegenüberstehen.

Und der sechs- bis siebenjährige Peter stellt sich vor, wie sie sich gegenüberstehen, zwei lange, Schulter an Schulter stehende Soldatenketten. Dazwischen ein Abgrund (wahrscheinlich der 38. Breitengrad). Doch obwohl er damals noch sehr gut Bilder an die Wand projizieren kann (sein Kopf, dieser etwas zu große Kopf funktioniert wie eine Laterna magica), obwohl ihm das manchmal mit erstaunlich vielen Details gelingt, bleibt in diesem Bild einiges vage. Hier die Amerikaner, dort die Russen – aber wo stehen eigentlich die Koreaner?

Die stehen dann in der zweiten Reihe, oder? Die Südkoreaner im Süden, die Nordkoreaner im Norden. Und irgendwo müssen auch noch die Chinesen stehen. Der Donauländer, dessen Familiennamen ich vergessen habe, doch meine Mutter nennt ihn manchmal beim Vornamen, Martin, dieser Buchgemeinschaftsvertreter, dem es eigenartiger Weise gelingt, meist dann zu erscheinen, wenn mein Vater nicht da ist, aber auch der Herr Ostry, der am Fenster steht, spricht immer von Rotchinesen, obwohl ich Chinesen bis dahin eher für gelb gehalten habe.

Der sechs- oder siebenjährige Peter … oder ist das Paul? Dieser Bub mit den dunklen gekräuselten Haaren (*Schneckerln*) und dem runden Gesicht, der so wirkt, als wäre er ganz in sein Spiel vertieft, aber der Schein trügt. Der da in seiner Spielecke kauert und wieder einmal einen Turm aus Bausteinen baut. Während am anderen Ende der Küche seine hübsche Mama auf der Küchenbank sitzt und dem außenpolitischen Kommentar des Buchgemeinschaftsvertreters lauscht.

Dieser Herr Martin, ein Mann mit einem dunkelblonden Schnurrbart, sitzt neben ihr. Genau auf dem Platz, auf dem sonst Paul sitzen darf, wenn seine Mutter ihm vorliest. Und auch er hat die Tendenz, ihr immer näher zu rücken. Wenn Paul (oder Peter) das sieht oder auch nur ahnt, spürt er etwas heiß und heftig aus seinem Bauch in die Brust aufsteigen, seine belesene Oma würde sagen, er spürt es auf*wallen,* und im Kopf, der wahrscheinlich rot wird, fühlt sich das an wie Wut.

Aber vielleicht lässt sich Peterpauls Mama die sukzessive Annäherung dieses Herrn auch deshalb gefallen, weil sein Papa einer der Damen, die sich von ihm künstlerisch fotografieren lassen, etwas zu nah gekommen ist. Außerdem ist der Herr Martin ein Typ, der – so viel und noch einiges mehr hat Paulpeter schon mitbekommen – seiner Mama im Prinzip gefällt. Er erinnert sie an den feschen Sohn des ungarischen Gutsbesitzers in Székesfehérvár. Aber zu nah rücken sollte er ihr trotzdem nicht.

Auch wenn das beim Blättern im Katalog vielleicht naheliegt. Denn es geht ja darum, ihr das Angebot für das Herbstquartal nahezubringen. *Und was bleibt, ist der Mensch,* heißt der Hauptvorschlagsband. Und da geht es um einen in Deutschland stationierten amerikanischen Soldaten, der sich in die junge Witwe eines im Verteidigungskampf an der Westfront gefallenen deutschen Soldaten verliebt, und dann bekommt er die Briefe dieses Kameraden in die Hände, ja, dieses Kameraden, denn der hat zwar auf der anderen Seite gekämpft, aber im Grund war das doch dasselbe, der Herr Martin meint *dasgleiche,* nur eben seitenverkehrt, und das ist wirklich berührend, aber das gibt ihm noch lang nicht das Recht, meiner Mutter aufs Knie zu greifen.

Vielleicht habe ich das ja nur geträumt. Aber jetzt kommt mir eine Szene in den Sinn, in der ich einen Turm, den ich aus meinen Bausteinen errichtet habe, zerstöre. So hoch war er schon, dass er tatsächlich bis hinauf ans Fensterbrett gereicht hat! Und eigentlich wollte ich noch darüber hinaus, sodass ihn Friedi bemerkt hätte, falls sie doch noch am gegenüberliegenden Fenster aufgetaucht wäre.

Atombombe!, rufe ich und lasse die Schachtel, in der sich vor den Bausteinen mehrere Packungen irgendeines Waschmittels (Persil oder Henko) befunden haben, auf den Turm fallen. Ja, ich *schleudere* sie geradezu auf den Turm, die Arme über dem Kopf erhoben, wie ein wütender kleiner Gott. Schleudere diese große Schachtel nicht nur auf den Turm, sondern auch auf die Ritter, Indianer, Trapper und all die verschiedenen Tiere, die ich rundherum aufgestellt habe. Eine Population von Figürchen, die damals, in jenen vergleichsweise biederen Zeiten, oft in den Schaufenstern der Spielzeuggeschäfte zu sehen waren, hübsch arrangiert auf kleinen Bühnenbildern aus Pappmaché.

Mindestens zwei solcher Spielwarenläden gab es auch auf der Landstraßer Hauptstraße, auf der meine Eltern und ich gelegentlich spazieren gingen. Da wünschte ich mir manchmal solche Figürchen. Und diese Wünsche wurden mir oft erfüllt. Die Jahre kurz vor und kurz nach meinem Schuleintritt waren zwar immer noch eine arme Zeit, und die Rationierung von Lebensmitteln, für deren offiziellen Einkauf man von den Magistraten ausgegebene Marken gebraucht hatte, war erst seit kurzem abgeschafft, aber ich habe den Eindruck, dass zumindest die Spielsachen, die man damals kaufen konnte, weit erschwinglicher waren als heute.

Außerdem waren meine Eltern nicht kleinlich. Mein Vater neigte dazu, das Geld, das er in schöner Unregelmäßigkeit verdiente (manchmal weniger als erhofft, aber manchmal auch mehr), gut und gern wieder auszugeben. Man muss die Feste feiern, wie sie fallen, sagte er, und er feierte gern Feste. Zwar versuchte ihn meine auch damals schon etwas realistischer rechnende Mama manchmal ein wenig zu bremsen, und wenn wir ins Gasthaus gingen, neigte sie dazu, mit der Bemerkung, dass ihr das ohnehin am liebsten sei, etwas möglichst Schlichtes zu bestellen, ein Paar Würstel oder ein kleines Gulasch, aber wenn es darum ging, mir eine Freude zu machen, konnte auch sie schwer nein sagen.

Und diese Figürchen waren eben nicht teuer. Obwohl sie noch nicht aus Plastik waren. Plastik, das erst Jahre später alle anderen Materialien verdrängte. Sie waren solide, aus einer steingutartigen Masse, die, wenn ich mich recht erinnere, Elastolin hieß, vergleichsweise sorgfältig geformt und bemalt. Aber – das war das Problem mit ihnen – zerbrechlich.

Es war also ratsam, sorgfältig mit ihnen umzugehen. Vor allem empfahl es sich, sie nicht fallen zu lassen. Was allerdings trotzdem ab und zu passierte. Man konnte sie kleben, aber danach sahen sie nicht mehr so schön aus – über Verletzungen jener, die ich besonders gernhatte, war ich richtig traurig.

Dass ich in der Szene, die mir nun wieder eingefallen ist, mutwillig ein Desaster unter ihnen anrichtete, ist befremdlich … *Atombombe*!, rufe ich, während ich die Schachtel mit aller Wucht, der ich fähig bin, auf den Turm und das Figurengewimmel um ihn herum loslasse. Der Turm stürzt in sich zusammen, die Figuren purzeln durcheinander, der

Krach ist viel lauter als in den Fällen, in denen die Türme, die ich baue, schlicht aus der Balance geraten. Daran hat die Katze sich längst gewöhnt, das erwartet sie mit fast heiter wirkender Gelassenheit, doch nun ist sie wirklich erschrocken und flieht mit gesträubtem Pelz.

Und dabei hätte ich mich für ein sanftmütiges Kind gehalten. Reserviert gegenüber den wilden Spielen gleichaltriger Buben. Die Tulipan-Bande, die jeden Mittag gleich nach der Schule mit kampflustigem Geschrei hinter einem Mitschüler dieses Familiennamens herstürmt, ist mir zu blöd. Ich verspüre keine Neigung zum Zertreten von Käfern oder zum Zerstückeln von Regenwürmern.

Nun aber das: *Atombombe*!, rufe ich – das klingt in dieser Erinnerung fast wie ein Fluch. Ein Fluch, in dem sich eine bisher ungeahnte Aggression entlädt. Atombombe. Dieses Wort muss ich also aufgeschnappt haben. Das Wort und eine damit verbundene Vorstellung.

Hat der Donauländer davon gesprochen? Dass ein amerikanischer General ihren Einsatz gegen die Chinesen vorschlägt? Oder hat das der Herr Ostry erwähnt? Dass dieser General nun allmählich die Geduld verliert und kurzen Prozess machen will, weil das ja schon gegen die Japaner so effizient war.

Es kann auch sein, dass ich schon früher etwas von der Atombombe gehört habe. Gehört und gesehen. Auch das natürlich im Kino. Vor jedem Film, der da gespielt wird, gibt es ja nicht nur eine sogenannte Bühneneinlage, in der etwa ein blinder Geiger den *Hummelflug* oder den *Teufelstanz* geigt oder ein Zauberer zur Abwechslung einmal kein Kaninchen, sondern einen Pudel aus seinem Zylinderhut zaubert, sondern auch eine Wochenschau. In diesen Wochenschauen sehen wir nicht nur Rückblicke auf die lokalen Ereignisse der vergangenen Woche, etwa einen Blumenkorso in der Prater-Hauptallee, die Wiedereröffnung des städtischen Strandbades Gänsehäufel oder den Besuch des Bürgermeisters auf der Wiener Herbstmesse, Beiträge, die uns zeigen, dass es, Gott und dem Marshallplan sei Dank, immer weiter aufwärts geht – nein, da gibt es auch Blicke hinaus aus dem kleinen Österreich in die größere Welt, also vor allem nach Amerika.

Dort mähen zum Beispiel auch am Abend noch gut rasierte, mit dem eigenen Auto von der Arbeit zurückgekehrte Männer mit anheimelnd surrenden Geräten den Rasen in den Vorgärten schmucker Häuschen. Während ihre tadellos frisierten und geschminkten Frauen die Türen üppig gefüllter Kühlschränke öffnen und beglückt lächelnd Flaschen oder Dosen mit erfrischenden Getränken herausnehmen. Und die Kinder sind zwar ein bisschen affig gekleidet, aber sie turnen auf Spielgeräten herum, denen man sogar in Schwarzweiß ansieht, wie bunt sie sind, und balgen mit munteren Hunden. Und dann sitzt die ganze Familie traut vor dem Fernsehapparat, auf dessen Bildschirm offenbar etwas sehr Lustiges zappelt, denn alle, die Hunde nicht ausgenommen, lachen.

Ich erinnere mich auch an Umzüge, bei denen sich Girls mit langen, oben bloß von flatternden Röckchen bedeckten, unten aber gestiefelten Beinen, in einem Regen von Koriandoli, in einer Kombination von Tanz- und Marschschritt, durch von Sternenbannern geschmückte Straßenschluchten bewegen. Und an Rodeos, bei denen sich Cowboys mit großen Hüten auf kleine, bockige Pferde zu schwingen versuchen, die offenbar nicht von ihnen geritten werden wollen. Und an strahlend junge Menschen in Badeanzügen, die paarweise von hohen Klippen springen und dann, in einer von Sonne durchglitzerten Luft, sich noch artistisch drehen und wenden, bevor sie ins schäumende Meerwasser tauchen. Aber mir ist, als hätte ich zwischen all diesen Berichten auch eine Szene gesehen, in der Soldaten irgendwo in der Wüste stehen und durch dicke Brillen oder geschwärzte Gläser schauen, fast so als wollten sie eine Sonnenfinsternis beobachten.

Und dann diese große Wolke am Horizont. Zuerst scheint sie noch auf dem Erdboden zu liegen wie ein riesiges Ei mit allerdings dubioser, unfester Schale oder, wenn schon ein Pilz, dann ein ungeheurer Bovist. Doch bereits wenige Sekunden später dehnt sie sich nach oben aus, entfaltet sie sich zu jener Pilzform, die man inzwischen nur allzu gut kennt. Und die Soldaten schauen durch ihre Brillen und Gläser, womöglich sind sie dorthin, in die Wüste, die es in den Vereinigten Staaten von Amerika auch gibt, denn dort gibt es so gut wie alles, abkommandiert, um dieses Schauspiel, diese Demonstration des Fortschritts und der damit verbundenen Macht, zu bestaunen und – ja – zu bewundern.

Oder habe ich das erst später gesehen? Zumindest erst später wirklich wahrgenommen? Vielleicht als Déjà-vu, also mit dem Gefühl, es schon früher gesehen zu haben … Aber sehen ist eins, und begreifen ist etwas anderes.

Wie dem auch sei, ich bin ein Kind meiner Generation. Und diese Generation ist die erste, die mit dem Bewusstsein oder zumindest dem Halbbewusstsein aufwächst, dass es so etwas gibt wie die Bombe. *Die* Bombe. Wenn von ihr die Rede ist, könnte man glauben, es gibt nur eine. Wie viele es inzwischen gibt, wie viele gelagert werden oder im Umlauf sind, weiß ich nicht, manchmal lesen wir Zahlen in den Zeitungen, die uns eigentlich in Panik versetzen müssten, aber erstens merke ich mir Zahlen ab einer gewissen Größenordnung nur schlecht, und zweitens sind sie wahrscheinlich noch untertrieben.

Ich weiß aber, dass ich bei einem psychologischen Test, zu dem ich mit elf oder zwölf geschickt wurde, weil meine Schulleistungen in den ersten Klassen der Realschule, sehr zum Unterschied von denen in der Volksschule, katastrophal waren und mein ganzes Verhalten damals angeblich Anlass zur Sorge gab, eins der Rorschachklecksbilder, die mir ein unsympathischer Typ im weißen Mantel vor die Nase hielt, als Atombombenexplosion deutete. Anscheinend interpretierte der Mann das als Bestätigung meiner fragwürdigen psychischen Verfassung, denn er redete dann im Nebenraum, der durch eine große Glasscheibe von dem Zimmer getrennt war, in dem er mich sitzen ließ, und in dem ich mir nun vorkam wie ein Versuchskaninchen, eine Weile auf eine ebenfalls weiß bemantelte Kollegin ein, die zwischendurch ernste Blicke zu mir herüberwarf. Dann kam er wieder und fragte mich noch einmal, was mir zu seinem blöden Rorschachklecks einfiele. Na ja, sagte ich, es könnte natürlich auch ein Schmetterling sein.

Dann, wieder ein paar Jahre später, als ich die Krise in der Unterstufe der Realschule längst überwunden hatte und nun ganz frohen Muts der Matura entgegensah, der *Reifeprüfung*, die wir, meine Klassenkameraden und ich, mit etwas Glück bestehen würden (dann sollten wir, wie es hieß, hinaus ins Leben treten), schlitterte die Welt in die Kubakrise. Der wegen seiner im Vergleich zu den sowjetischen Staatschefs vor ihm fast gutmütig, wenn auch vielleicht etwas bauernschlau wirkende Nikita Chruschtschow, den man, da das Fernsehen nun auch in Österreich schon ziemlich verbreitet war, aus den täglichen Abendnachrichten kannte, dieser eigentlich ganz sympathische Mensch, den man sich durchaus an einem benachbarten Tisch beim Heurigen vorstellen konnte (davon abgesehen allerdings, dass er wahrscheinlich lieber Wodka trank als Grünen Veltliner), hatte die Absicht, Raketen mit Atomsprengköpfen in Kuba aufzustellen. Er war der Meinung, dass das, angesichts der natürlich auch atomar bestückten Raketen, die seine amerikanischen Freunde in einigen Nachbarstaaten der Sowjetunion installiert hatten, nur gerecht sei. Und die Schiffe mit den Atomraketen waren schon unterwegs.

Da verging dem amerikanischen Präsidenten John Kennedy das Lächeln. Und als Chruschtschow der Aufforderung, die Schiffe zurückzukommandieren, vorerst nicht nachkommen wollte, wurde es sehr ernst. Angeblich erwogen die Falken im Pentagon einen atomaren Erstschlag. Da hing das monströse Unheil, das ja schon all die Jahre seit Hiroshima und Nagasaki über der Welt gehangen war, auf einmal sehr tief.

Ich erinnere mich daran, dass wir, ein paar Schulkollegen und ich, auf dem Heimweg von der Schule zur Straßenbahn an einem Zeitungskiosk vorbeikamen. IST DAS DER ANFANG DES 3. WELTKRIEGS?, fragte eine so fett wie nie zuvor gedruckte Schlagzeile. Na ja, sagten wir in einer Anwandlung von fatalistischem Galgenhumor, wenn das *so* ist … Dann brauchen wir wenigstens nicht mehr für die Matura zu strebern.

Jenseits der Fensterscheibe fließt ein Fluss. Ist das noch die Moldau, oder ist es schon die Elbe? Auf dem glitzernden Wasser gleitet ein Regattaboot. Aber sosehr sich die Ruderer auch anstrengen, sie bleiben hinter dem Zug, in dem ich fahre, zurück.

Drei Tage bin ich in Prag unterwegs gewesen. Mit Kamera und Notizbuch hinter Kafka her. Bin Wege gegangen, die er gegangen sein könnte. Franz K., ein junger Angestellter der Prager Arbeiter-Unfall-Versicherung.

Vor allem sein Weg zum Bahnhof hat mich interessiert. Zum Bahnhof, der damals noch Kaiser-Franz-Josephs-Bahnhof hieß. Damals. Das war im Jahre 1908. Da sollte K. eine Dienstreise nach den nordböhmischen Industriezentren antreten.

Jetzt sitze ich im Zug und überfliege meine Notizen. Während sich der Charakter der Gegend draußen verändert. Mehr Fabrikschlote als Kirchtürme; Kräne, die aussehen wie riesige Gottesanbeterinnen. Manchmal entfernt sich die Bahntrasse so weit vom Fluss, dass man ihn kaum mehr ahnt.

Aber das ist ja die Strecke, die Kafka damals gefahren sein muss. Und nun versuche ich mir vorzustellen, dass er mir gegenübersitzt. Ein dünner junger Mann, der nicht weiß, wohin mit seinen für dieses Abteil etwas zu langen Beinen. Verzeihung, sagt er. Keine Ursache, sage ich.

Anscheinend will er mir etwas sagen, aber er ist offenbar ein wenig gehemmt und sagt es nicht gleich. Ein paar Mal setzt er dazu an, aber dann bringt er es doch nicht über die Lippen, sondern räuspert sich. Wissen Sie, sagt er endlich, das ist nämlich meine erste Dienstreise. Ich soll nach Aussig und Teplitz-Schönau, dort gibt es die meisten Arbeitsunfälle.

Aber um ehrlich zu sein: Er würde lieber nicht dort ankommen.

Ich weiß, sage ich (ich habe ja einiges von ihm gelesen).

Wenn ich doch, sagt er, ganz einfach in diesem Zug einschlafen könnte! Dann würde ich einfach weiterfahren und irgendwo, ganz anderswo, aufwachen.

Ja, sage ich, das ist eine schöne Idee. In dem Buch, das ich schreiben will, werde ich ihm diesen Wunsch erfüllen. Übrigens sind wir nun schon an Aussig (Ústí nad Labem) vorbei, wir fahren nun wieder näher am Fluss, durch die Sächsische Schweiz. Die imposanten, roten Felsen am anderen Ufer sehen aus wie aus einem Buch von Karl May.

V

HABE ICH SCHON meinen ersten Schultag erwähnt? Nein? Das habe ich also bisher vermieden. Stimmt, die Erinnerung ist mir unangenehm. Aber man könnte vielleicht auch darüber lachen.

Dass ich geweint habe. So ein großer Bub. Der sich manchmal schon fast erwachsen fühlt. Ein Bub, der dadurch, dass ihm seine belesene Großmutter auf vielen langen Spaziergängen schon fast alles erzählt hat, was sie an Literatur liebt, schon einiges nacherzählen könnte. Zum Beispiel Theaterstücke wie *Die Räuber* oder *Faust* (wenn auch, zugegeben, nur den ersten Teil).

Ein Bub, der lang aufbleiben darf, wenn Gäste da sind. Ein Bub, der an den Abenden, an denen seine Eltern Gäste eingeladen haben, den Gesprächen der Großen nicht nur interessiert zuhört, sondern oft auch ungeniert mitredet. Ein Bub, der sich freut, wenn wieder einmal jemand von den Erwachsenen bemerkt, dass er einen erstaunlichen Wortschatz hat. Auch wenn er manche von den Wörtern, die er da nachsagt, noch nicht ganz versteht.

Geradezu in seinem Element fühlt er sich aber, wenn sein Vater vorschlägt, *Wer bin ich, wer war ich* zu spielen. Dabei handelt es sich um ein Ratespiel, in dem jemand, den oder die man kurz ins Vorzimmer geschickt hat, ins Zimmer zurückgerufen, eine Persönlichkeit erraten soll, auf die sich die anderen inzwischen geeinigt haben. Eine Persönlichkeit, die wirklich gelebt hat oder noch lebt oder auch bloß durch die Phantasie ins Leben gerufen worden ist. Aber was heißt hier *bloß*? – die der Phantasie entsprungenen Figuren haben ja in glücklichen Fällen ein längeres Leben als so manche, die in der sogenannten Wirklichkeit herumlaufen.

Doch das sind Gedanken des etwas reiferen Peter. Vorläufig geht es noch um den sechs- bis siebenjährigen. Und um das Ratespiel *Wer bin ich, wer war ich*. Peters Vater nennt es ein intelligentes Gedankenspiel, und von so etwas fühlt sich sein kleiner Sohn mit dem großen Kopf angesprochen.

Er hat schon den ganzen Abend darauf gewartet ... Einen langen Abend, an dem sein Vater es wieder einmal nicht hat lassen können, die Fotos zu zeigen, die er im Krieg geschossen hat (nur mit der Kamera hat er schießen müssen), und die abenteuerliche Geschichte seiner glücklichen Rückkehr zu erzählen (gewisse Abweichungen von der Urfassung fallen Zuhörern, die sie schön öfter gehört haben, also auch Peter, nach und nach auf, aber man ist diskret genug, sich das nicht anmerken zu lassen) ... Und die Brötchen, die seine Mama belegt und gestrichen hat, haben viel Zuspruch gefunden, besonders die mit dem *Judenaufstrich,* der einhellig gelobt wird – so etwas Pikantes! ... Und der Wein, von dem der Papa eine Kiste zu sechs Flaschen bestellt hat (beim Wirt an der Ecke, selbstverständlich zu einem Freundschaftspreis), dieser Wein, die *Hausmarke,* ist schon fast ausgetrunken, aber eine Flasche vom *Besseren* ist noch da, und die wird nun geöffnet.

Jetzt ist es endlich so weit, jetzt schlägt Papa vor, das *Wer bin ich wer war ich*-Spiel zu spielen. Für Peter hat es sich also gelohnt, bei Apfelsaft oder Soda mit Himbeere auszuharren und auf die wiederholte Frage, ob er nicht doch schon etwas müde ist und ins Bett gehen will, konsequent den Kopf zu schütteln. Und Gott sei Dank hat niemand etwas dagegen, *Wer bin ich, wer war ich* zu spielen, niemand schlägt irgendein anderes Spiel vor (etwa *Pfänderauslösen* oder *Stille Post*, lustige, aber im Grund genommen dumme Spiele). Und da ist das zuvor vielleicht doch schon etwas matte Kind gleich wieder munter.

Ein Großteil der Gäste kennt das Spiel bereits, anderen, die zum ersten Mal da sind, muss es erst kurz erklärt werden. Doch die meisten sind ja recht rasch von Begriff. Und dann kommen zuerst ein paar Tanten oder Onkel an die Reihe, hinaus ins Vorzimmer zu gehen, was manche gleich mit einem Gang auf die Toilette verbinden. Und ins Zimmer zurückgekehrt, müssen sie dann zum Beispiel Caesar oder Kleopatra erraten oder Columbus oder Josephine Baker oder Heinz Rühmann.

Doch obwohl Peter manchmal schon da Erstaunen erregt, weil er viele dieser Personen längst kennt und tatsächlich schon ganz gut zu charakterisieren weiß, kommt die Gelegenheit, richtig zu glänzen, erst dann, wenn er selbst ins Vorzimmer geschickt und bald wieder hereingerufen wird. Wenn er mit einer pfiffigen Gewandtheit, die Gäste, die zum ersten Mal da sind, meistens verblüfft, hurtig errät, um welche Person oder welche Figur es geht. An dem Abend, an den ich mich jetzt erinnere, geht es um den Gestiefelten Kater, zweifellos eine Figur, die ihm sympathisch ist. Aber wenn man ihn Märchenfiguren erraten lässt, fühlt er sich manchmal ein bisschen unterschätzt – er würde auch Napoleon erraten oder die Spionin Mata Hari oder den Conférencier Maxi Böhm.

So ein Bub. Mit so einem Horizont. Aber am ersten Schultag hat er geweint. Als seine Eltern, die ihn bis in die Klasse 1C gebracht haben, im Begriff waren, zu gehen, und als seine Mutter sich an der Tür noch einmal nach ihm umgedreht und ihm gewinkt hat. Da sind ihm die Tränen übers Gesicht geronnen.

Und er hat gar nicht gewusst, wie ihm geschieht. Es war peinlich, aber die Tränen haben sich nicht aufhalten lassen. Noch peinlicher war, dass ihn sein Vater, der natürlich die Kamera dabeihatte, wie immer und überall, beim Weinen fotografiert hat. Dadurch ist es logischer Weise noch mehr aufgefallen.

Warum hat er geweint? War die Aussicht, von nun an die meisten Vormittage unter so vielen *Kindern* verbringen zu müssen, zum Heulen? So fern von Erwachsenen, mit denen er erfahrungsgemäß viel besser umgehen konnte? Im Hintergrund wahrscheinlich die Unsicherheit darüber, wie diese Kinder ihn finden würden. Die bange Frage, ob sie ihn, der sich unter ihnen fremd fühlte, akzeptieren würden, oder eben nicht, weil sie ihm diese Fremdheit ansahen.

Diese tatsächliche oder diese eingebildete Fremdheit. Eingebildet im doppelten Sinn des Wortes. Denn so viel trifft zu und wird sein Leben lang zutreffen: Dass er sich auch etwas auf diese Fremdheit einbildet.

Er hat sich, wird er später sagen, sein Leben lang als Ausländer im Inland gefühlt. Das ist natürlich (auch wenn etwas Wahres an diesem subjektiven Empfinden sein mag) eine Vermessenheit. Dieses Fremdheitsgefühl, das vielleicht bloß daher kommt, dass ihn seine Eltern im Vorschulalter nicht in den Kindergarten geschickt haben. Vielleicht wäre alles anders gekommen, wenn er ordnungsgemäß in den Kindergarten gegangen wäre.

Vielleicht wäre dann etwas ganz anderes aus ihm geworden. Kein individualistischer Traumtänzer mit Allergie gegen alles Kollektive, sondern ein emsiger Teamworker mit der dafür erforderlichen sozialen Kompetenz. Keiner, den dann, etwas mehr als zwanzig Jahre später, seine Freunde und Kollegen in der Redaktion einer *Zeitschrift für brauchbare Texte* verdächtigen, im Grunde seines Herzens *doch* ein *bürgerlicher* Schriftsteller zu sein. Was damals, in den Jahren nach 1968, in den Gruppen, von denen er sich dennoch angesprochen fühlt (denn ein Sozialromantiker ist er trotz allem), ein vernichtendes Urteil bedeutet.

Aber ist das nun ein Ergebnis von Erziehung oder von *Mangel* an Erziehung? Diese Schwierigkeit, die für ihn darin besteht, sich in Gruppen zu integrieren ... Ist das bei ihm nicht auch so etwas wie Anlage? – *Wir alle* machen jetzt das oder jenes – wenn solche Parolen ausgegeben werden, kann man darauf wetten, dass er nicht mitmachen wird.

Das hat sich bei ihm doch bereits sehr früh abgezeichnet. Im *Rabenhof*, wo auch der Kindergarten gewesen wäre, in den ihn seine Eltern dann *nicht* geschickt haben, gab es ein Kasperltheater. Wenn der Kasperl, auf den die in den Sitzreihen herumwetzenden und schnatternden Kinder schon ungeduldig warteten, endlich erschien, rief er: Kinder, seid ihr alle da? Und natürlich erwartete der Puppenspieler, an dessen Hand er hampelte, dass die Kinder alle lauthals JA riefen – Peter jedoch (damals erst drei Jahre alt) verweigerte sich.

Aber am ersten Schultag hat er geweint. Dieser Bub, der ich einmal gewesen bin. Erstaunlich, dass ich unter den etwa dreißig Knaben, die mit mir im Klassenzimmer saßen, nicht gleich in die Rolle des Aschenputtels geriet. Offenbar hatte ich das Glück, unter relativ gutartigen Mitschülern gelandet zu sein (die richtig bösartigen sollte ich erst in der Realschule kennenlernen).

Vor allem jedoch hatte ich das Glück, dass vorn, am Katheder, ein Lehrer stand, der nicht nur das Gelächter, das in den Bankreihen hinter mir doch aufkommen wollte, rasch abzufangen wusste – er war auch, wie sich bald herausstellte, ein Lehrer, der meine Talente erkannte, während er meine Schwächen unaufgeregt zur Kenntnis nahm. Gatterer hieß er, ihm habe ich viel zu verdanken. Eins meiner Talente war eindeutig das Lesen. Ich hatte ganz einfach ein Interesse am Entziffern von Buchstaben und Freude am Umgang mit allem Geschriebenen.

So las ich die Texte im Lesebuch, obwohl sie mir ziemlich kindisch vorkamen, bereits nach wenigen Wochen fast fließend. Sehr zum Unterschied von manchen meiner Klassenkameraden, die ewig lang brauchten, um auch nur drei hintereinander stehende Wörter zu kapieren und über die Lippen zu bringen. Ich war, das war klar, der beste Leser der Klasse. Dass ich auch gut schreiben konnte, ließ sich vielleicht schon erahnen, wenn ich etwas erzählen oder nacherzählen sollte.

Im Zeichnen war ich auch nicht schlecht – ein Blatt mit buntem Herbstlaub und stacheligen Kastanien, das ich Anfang Oktober malte, wurde an die Wand gehängt und durfte dort bis zwei Wochen vor Weihnachten hängen bleiben. Im Musikunterricht tat ich mich hervor, weil ich keine Hemmungen hatte, laut zu singen. Für mich kein Problem – schließlich hatte ich meinem Papa hundert Schilling gewonnen, indem ich das populäre Lied *Mariandl* aus dem Film *Hofrat Geiger* laut gesungen hatte – und zwar bitteschön um Mitternacht, auf der Opernkreuzung. Im Ernst, sage ich zu der jungen Frau mit dem Mikro, das war nach einem Heurigenbesuch, zu dem mich meine Eltern (wieder einmal typisch für sie) einfach mitzunehmen nicht falsch fanden, es war etwas später geworden, und mein Vater, der, besonders im etwas angeheiterten Zustand, auf originelle Ideen kam, hatte mit einem Berufskollegen, der auch recht lustig war, gewettet, dass ich das für ihn tun würde.

Vielleicht waren es auch nur fünfzig Schilling, die wir damit gewonnen haben. Oder zwanzig. Zu Zahlen habe ich weniger Affinität als zu Buchstaben. Dass sie mir nicht wirklich wichtig sind, wird sich im späteren Leben manchmal kritisch auswirken. Ja, sagt der Lehrer am Sprechtag zu meinen Eltern, im Rechnen muss er sich noch ein bisschen bemühen.

Im Turnen bin ich übrigens auch nicht so gut. Das hängt anfangs noch mit meiner Bruchoperation zusammen. In den ersten Wochen und Monaten danach ist es gewiss richtig, ein bisschen vorsichtig zu sein. Aber allmählich wird das vielleicht auch zur Ausrede.

Besonders im Umgang mit den Turngeräten. Dabei wird ja noch nicht viel mehr von uns verlangt, als ein wenig mit ihnen Bekanntschaft zu schließen. Aber all diese nach stramm lackiertem Holz und verschwitztem Leder riechenden Geräte wären mir wahrscheinlich auch ohne die Narbe, an die ich mich bei ihrem Anblick sofort wieder erinnere, unsympathisch. Ich kann die geradezu habituelle Antipathie, die ich Böcken, Sprungkästen und Pferden gegenüber empfinde, nicht verbergen und werde mich ihnen noch lang nur sehr zaghaft nähern.

Nein, sportlich bin ich in diesem Alter noch nicht. Das wird sich erst später, in einer geradezu verzweifelten Anpassungsphase, ändern. Da werde ich Kniebeugen pumpen, Hanteln schwingen und mir ein kleines, schlaues Buch kaufen, um mich über die Regeln des Fußballspiels zu informieren. Aber das ist eine andere Geschichte, die können Sie anderswo nachlesen.

Definitiv nicht zu meinen Talenten gehört das Knüpfen von Knoten. Nach der Turnstunde, wenn wir uns flott wieder anziehen und in unsere Klasse zurückkehren sollen, habe ich noch lang meine Probleme mit den Schuhbändern. Wenn dann schon die Glocke zur nächsten Stunde läutet, bleiben sie entweder unverknüpft oder jemand muss mir helfen. Meist ist das der Lehrer – wenn die Mitschüler schon alle weg sind, beugt er sich rasch zu mir herunter, um das (kommentarlos) zu erledigen.

Sich so rasch zu mir hinunterzubeugen fällt ihm, nebenbei bemerkt, gar nicht ganz leicht. Er ist ein kleiner, etwas zu dicker Mann um die vierzig, dem dann, bevor er sich wieder aufrichtet, immer ein paar Schweißperlen auf der hohen Stirn stehen. Er sieht aus wie der Doktor Dolittle in den Illustrationen der gleichnamigen Kinderbücher. *Doktor Dolittle und seine Tiere, Doktor Dolittles Zirkus, Doktor Dolittles schwimmende Insel* und wie sie alle heißen.

Die kennen Sie doch, oder?, frage ich die junge Frau mit dem Mikro. Wenn nicht, dann verstehen Sie das als Lektüreempfehlung. Glauben Sie nicht, Sie sind schon zu groß dafür! Es gibt sogenannte Kinderbücher, die sind viel besser als die meisten Bücher für Erwachsene.

Also, passen Sie auf: Der Doktor Dolittle ist ein Landarzt in Puddleby on the March. Das ist ein Nest am englischen Ende der Welt. Dieser Doktor nun ist sehr tierliebend und beherbergt in seinem Haus alle möglichen Tiere. Und das gibt Probleme nicht nur mit seinen Patienten, die sich beinahe auf einen Igel setzen oder vor einem armen, kleinen Krokodil erschrecken, das ohnehin nur ganz schüchtern unter dem Sofa hervorschaut, sondern auch mit seiner Schwester.

Die Schwester hat ihm bisher den Haushalt geführt. Aber nun stellt sie dem Bruder ein Ultimatum. Die Tiere müssen aus dem Haus, zumindest die für ihre Begriffe unzumutbaren. Entweder das Krokodil, sagt sie, oder ich!

Na ja, und dann lässt er sie eben ausziehen, die Schwester. Aber die Patienten scheinen ähnliche Vorbehalte zu haben wie sie – die Patienten kommen immer seltener. Und das ist der Anfang des Buchs: Da haben wir den Doktor mit seinen Tieren. Und er ist in der Krise, wie fast die meisten Protagonisten interessanter Bücher auf deren ersten Seiten, und jetzt muss etwas geschehen.

Ja, und unter den Tieren des Doktors gibt es auch einen Papagei. Das heißt: eine ältere Papageiendame. Sie muss schon einiges über hundert sein, denn früher ist sie mit berühmten Piraten auf allen Weltmeeren gesegelt. Aber vielleicht war das auch in einem früheren Leben.

Jedenfalls ist sie ein Vogel mit einer enormen Erfahrung. Und einiger Menschenkenntnis und viel psychologischer Einfühlungsgabe. Und natürlich versteht und spricht sie viele Sprachen, sowohl Menschensprachen wie auch Tiersprachen. Aber bisher, also vor der Zeit, zu der das Buch beginnt, hat sie offenbar nicht viel Wind darum gemacht.

Jetzt aber scheint der Moment gekommen zu sein. Der richtige Augenblick, um mit dem Doktor zu reden. Nicht nur die paar Phrasen zu krächzen, die er glaubt, ihr beigebracht zu haben. Nein, jetzt muss sie einmal im Ernst mit ihm sprechen und ihm sagen, was sie für richtig und wichtig hält.

Doktor, sagt sie also zu ihm, was ärgerst du dich mit diesen dummen Menschen herum? Du bist gar kein schlechter Menschendoktor – auch wenn diese Ignoranten das nicht entsprechend zu schätzen wissen –, aber du könntest ein noch viel besserer Tierdoktor sein. Du verstehst die Tiere ganz gut, aber noch besser wäre es, wenn du ihre Sprachen verstündest. Also wenn du willst, kann ich dir einige davon beibringen.

Dass der Doktor Dolittle in den Illustrationen dieses Buchs so aussah wie der Lehrer Gatterer, fiel mir gleich auf, als ich zum ersten Mal darin blätterte. Ich weiß nicht, ob ihm diese Ähnlichkeit bewusst war. Sie war jedenfalls frappant und darüber hinaus amüsant, weil es ja er selbst gewesen war, der uns das Buch empfohlen hatte. Er schrieb uns den Titel und den Namen des Autors an die Tafel.

Doktor Dolittle und seine Tiere von Hugh Lofting. Den Vornamen konnte ich erst richtig aussprechen, als ich in der Realschule Englisch lernte. Von einem Schüler der zweiten Klasse Volksschule konnte man das damals noch nicht verlangen. Meine Eltern, die nie Englisch gelernt hatten, konnten ihn auch nicht richtig aussprechen, aber sie waren dankbar für den Tipp und legten mir das Buch unter den Christbaum.

Die Illustrationen, gezeichnet mit scheinbar naiven Strichen, in denen aber ein ganz feiner Humor zum Ausdruck kommt, stammen übrigens vom Autor selbst. Sie gefielen mir so gut, dass ich dann eine Zeitlang versuchte, ähnlich zu zeichnen. Erst recht gefiel mir die Art, wie der Autor schrieb. Und natürlich gefiel mir die Geschichte, die er erzählte.

Und doch gab es da für mich einen kleinen Mangel. Unter den Tieren, die den Doktor umgaben, seinem engeren Kreis sozusagen, gab es keine Katze. Außer der weisen Papageiendame Polynesia waren da noch eine Ente, ein Schweinchen, eine Eule und ein Hund. Später kam sogar noch ein zweiköpfiges Tier dazu, das exotische *Stoß-mich-zieh-dich*, aber von Katzen war nur am Rande die Rede.

Vielleicht war der Autor, so sympathisch er mir sonst war, kein Katzenfreund, doch das fand ich schade. Die Katze fehlte ganz einfach. Aber konnte ich das nicht ändern? Was, wenn ich die Geschichte einfach ergänzte? Ich musste nur eine Stelle finden, an der ich die Katze ins Spiel bringen konnte.

Und die gab es. Der Doktor und seine Tiere unternahmen nämlich eine Schiffsreise. Da ging es nach Afrika, wo eine schlimme Krankheit unter den Affen ausgebrochen war. Da sich der Ruf des Doktors zwar nicht unter den Menschen, dafür aber umso mehr unter den Tieren herumgesprochen hatte, hatten die Affen mithilfe einer Seeschwalbe eine S. O. S.-Botschaft an ihn geschickt. Also wurde ein kleines Schiff gemietet und seetüchtig gemacht.

Und das Schiff lag noch an der Mole, aber es sollte am

nächsten Morgen auslaufen. Und da konnte nun meine Katze vorbeikommen. Einfach so. Wie Katzen eben manchmal da und dort vorbeischauen. *Ahoi, sagte die Katze. Wer ist denn hier der Kapitän?*

Das waren die ersten zwei Sätze, die ich im Kopf hatte. Auch den Titel hatte ich schon im Kopf. *Die Geschichte der Schiffskatze.* Ja, daraus hätte etwas werden können. Meine erste längere Prosageschichte.

Ein paar kürzere Texte hatte ich bis dahin schon geschrieben. Kaum, dass ich ein paar Buchstaben aneinanderreihen konnte, hatte ich damit angefangen. Von da an bestand das Schreiben als Möglichkeit. Mein erstes Gedicht, das mit dem Blümlein auf der Wiese, das wackelt, wenn der Wind geht, hatte ich mir immer wieder vorsagen müssen, um es nicht zu vergessen – jetzt hatte ich die Möglichkeit, so etwas schriftlich festzuhalten.

Allerdings hat nicht jeder die Lust dazu. Mit dem Schreiben war es so ähnlich wie mit dem Lesen – manche meiner Mitschüler empfanden es als Plage und hätten es kaum freiwillig getan. Mir gefiel es. Auch wenn ich in den Schulheften manchmal patzte. Das Schreiben mit Federstiel und Rundfeder, die man in die Tinte tauchte, war ja wirklich nicht so einfach.

In meine eigenen Hefte schrieb ich mit Bleistift. Eine Gewohnheit, die ich bis heute beibehalten habe. *Eigene* Hefte. Die wünschte ich mir von früh an. Mama, sagte ich fast immer, wenn wir in die Papierhandlung kamen, kauf mir bitte ein Heft!

Für die Schule brauchten wir vorerst nur ganz gewöhnliche Hefte. Ein Schulübungsheft und ein Hausübungsheft, beide recht dünn (zwanzig Blatt) und mit sehr unscheinbaren, waschblauen Umschlägen. Doch in der Papierhandlung gab es auch andere Hefte. Von diesen Heften, die dort in beeindruckenden Stößen auf dem Ladentisch lagen, ging für mich ein Appell aus.

Stärkere Hefte (zu dreißig oder vierzig Blatt), mit eidottergelben Pressspanumschlägen. Hefte, die nicht nur schön aussahen, sondern auch ausgesprochen gut rochen. Ein bisschen süß, aber auch ein bisschen würzig. In meiner Erinnerung riechen sie am ehesten nach Zimt.

Meine Beziehung zu diesen Heften war eine beinah erotische. Das hätte ich damals noch kaum so gesagt, obwohl ich auch das Wort *erotisch*, das mein Vater gern im Mund führte, schon kannte. Doch so viel ist wahr: Die Momente, in denen ich so ein neues Heft aufschlug, hatten etwas Erregendes. Schreib oder zeichne etwas in mich hinein, flüsterten die Hefte.

Und das tat ich dann auch. Ich zeichnete und schrieb. Schrieb vorerst noch in Blockschrift, dann nach und nach in Druckschrift und schließlich in Verbundschrift. Kurze Erlebnisberichte, wahrscheinlich auch Blicke aus dem Fenster. Aber konkret kann ich mich an keins dieser Frühwerke erinnern.

Mit der Geschichte, die ich schreiben wollte, nachdem ich das Doktor-Dolittle-Buch gelesen hatte, verhält es sich anders. An diese Geschichte erinnere ich mich sehr deutlich. Zumindest an die Idee, die ich von ihr hatte. Von ihrer Ausführung lenkte mich dann leider einiges ab.

Und dabei waren die Voraussetzungen so gut. Ich wusste, was ich schreiben wollte, und ich hatte ein neues Heft bekommen. Daran erinnere ich mich noch exakt – es war am Silvestertag, also am 31. Dezember. Am Vormittag gingen wir noch in die Papierhandlung, um Papierschlangen und Lampions für den Abend zu besorgen.

Das Heft war wahrscheinlich das schönste, auf jeden Fall das stärkste, das ich bis dahin gehabt hatte. Format A 5, sagte der Verkäufer, vierzig Blatt, kariert. Noch am Nachmittag schrieb ich meinen Namen und den Titel auf das Etikettschildchen. *Peter Henisch: Die Geschichte der Schiffskatze.*

Und dann der Silvesterabend, das heißt, die Silvesternacht. Denn das war ein Abend, an dem ich bis Mitternacht aufbleiben durfte. Natürlich hatte mein Vater wieder viele Gäste eingeladen, darunter eine junge Dame mit einem Leberfleck (oder war das ein Schönheitspflästerchen?), die er wahrscheinlich schon *künstlerisch* fotografiert hatte. Und es war ein lustiger Abend, wir spielten das ganze Repertoire von Gesellschaftsspielen, von *Alles, was Flügel hat, fliegt* bis *Wer bin ich, wer war ich,* wobei ich wieder einmal brillierte, und dann gossen wir Orakelfiguren aus Blei und fassten gute Vorsätze fürs neue Jahr.

Ich nahm mir vor, möglichst bald mit der Geschichte der Schiffskatze anzufangen. Schon morgen, am ersten Tag des neuen Jahres, würde ich damit beginnen. Mit diesem guten Vorsatz ging ich ins Bett. Der Gutenachtkuss meines Vaters schmeckte mir etwas zu sauer nach Wein, doch der meiner Mutter schmeckte nach Eierlikör.

Dann wache ich auf, und es ist der 1. Januar. Und meine Eltern schlafen noch, denn der Silvester hat lang gedauert. Die letzten Gäste sind erst gegen fünf gegangen. Darunter diese Margit. Mein Vater hat sie noch durchs Stiegenhaus begleitet.

Und was hätte er denn tun sollen, er musste ihr doch das Haustor aufsperren. Aber meine Mama wird ihm das noch längere Zeit vorhalten. Wie lang er gebraucht hat, bis er da zu ihr zurückgekommen ist. Ist ihm vielleicht übel geworden? Sie hat sich schon Sorgen gemacht.

Aber das werde ich erst später hören. Jetzt schlafen sie tief und erschöpft, ich gehe vorsichtig an ihrem Bett vorbei. Und dann trete ich ins Zimmer, in dem gestern so lang gefeiert wurde. Und da sehe ich die Katze, die zwischen den Gläsern balanciert.

Nicht die Schiffskatze, sondern Murli, unsere Schwarze. Wie sie zwischen den Gläsern balanciert, die am Abend davor auf dem Tisch stehen geblieben sind. Klar, es ist spät geworden, meine Eltern waren wahrscheinlich zu müde, um den Tisch noch abzuräumen. Im Zimmer steht noch etwas verrauchte Luft, aber durchs Fenster fällt kühles Licht.

Und Murli, sehr konzentriert, mit behutsamen Pfoten, macht sich ganz schmal zwischen den langstieligen Gläsern. Eine Katze, die – so sieht es fast aus – auf Zehenspitzen geht. Die Gläser, zwischen denen sie sich durchfädelt, vibrieren leise. Und ich halte den Atem an, aber in diesem fast kostbaren Moment höre ich die Stimme meiner Mutter hinter mir – Murli, spinnst du?, ruft sie ungewohnt schrill –, und die Katze erschrickt und springt vom Tisch, und alles ist nur mehr Geklirr und zerbricht.

Scherben bringen Glück, hatte meine Mutter sonst gesagt, wenn ihr ein Glas oder ein Teller hinuntergefallen war. Aber an diesem Neujahrsmorgen sagte sie das nicht. Sie sagte nichts, ging ohne ein Wort ins Vorzimmer und kehrte mit Besen und Schaufel zurück. Das waren die ersten Scherben in diesem neuen Jahr, aber es sollten nicht die letzten sein.

Das Klirren, das die an diesem Morgen von der Katze vom Tisch gefegten Gläser verursachten, war vergleichsweise harmlos. Es kamen Nächte, in denen ich durch ein viel schlimmeres Klirren geweckt wurde. Oder nein – wahrscheinlich schrak ich immer schon ein paar Sekunden früher auf. Geweckt durch die immer lauter werdenden Stimmen meiner Eltern und ein diese mit zunehmender Lautstärke immer fremder klingenden Stimmen begleitendes Gepolter, an dessen verzweifeltem Höhepunkt dann erst das Klirren folgte, ein Klirren und Splittern von zerschmettertem Geschirr, und dann, nach einer kurzen, erst recht beängstigenden Stille, Schritte, die meines Vaters, weg aus der Küche, in der diese Szenen nach dem stets gleichen Muster abliefen, rasch durchs Vorzimmer, in dem die Aktbilder hingen, und dann das Zuschlagen der Wohnungstür.

Mein Bett steht im Kabinett, im Raum gleich neben der Küche. Ich bekomme diesen immer aufs Neue wild tobenden Streit also jedes Mal mit. Manchmal, wenn mein Vater zur Tür draußen ist, glaube ich, meine Mutter leise weinen zu hören, dann stehe ich auf und gehe, so wie ich bin, im Pyjama, meist barfuß, weil ich die Hausschuhe, die unter dem Bett stehen müssen, im Dunkeln nicht so rasch finde, hinaus zu ihr. Und sehe das Desaster, das da angerichtet wurde, die Scherben eines Kaffeeservices zum Beispiel, das uns allen dreien, Vater, Mutter, Kind, sehr lieb war, ein Service aus feinem, sehr weißem Porzellan, verziert mit ganz kleinen, ganz zarten Röschen, das liegt nun zerbrochen auf dem Boden, vielleicht kann man es kleben, sage ich, nein, sagt meine Mutter und wischt sich mit dem Handrücken über die Augen, das ist hin.

Geh wieder ins Bett, sagt sie. Es nützt ja nichts.

Was?, frage ich. Wenn du wach bist, sagt sie. Schlaf weiter.

Und wo ist der Papa?, frage ich.

Was weiß ich?, sagt sie.

Und wo ist die Katze?, denke ich. Wahrscheinlich hat sie sich irgendwo verkrochen.

Und dann liege ich wieder im Bett, aber natürlich kann ich nicht einfach weiterschlafen. Was, wenn der Papa nicht wiederkommt? Und was, wenn sich die Katze wieder unter dem Kleiderkasten versteckt hat? Ganz flach macht sie sich da, aber man muss Angst haben, dass sie dann, wenn sie ganz hinten, wo der Kasten an der Wand lehnt, anlangt, womöglich nicht mehr umdrehen kann.

Und mein Vater ist irgendwo draußen in der Nacht, und wer weiß, was er jetzt anstellt ... Vielleicht ist er ja nur im Wirtshaus an der Ecke und beruhigt sich mit zwei, drei Gläsern Wein ... Aber ist es dazu nicht schon zu spät? Ich glaube, die Sperrstunde ist um elf ... Vielleicht hat das Gasthaus unten in der Erdbergstraße länger offen, das Gasthaus, in das er eine Zeitlang gegangen ist, um bei einem Männergesangsverein mitzusingen ... Meine Mutter und ich waren einmal dort, um zuzuhören ... *Zu Straßburg auf der Schanz* haben sie da gesungen, von einem Soldaten, der tödlich verwundet ist, oder nein, ich glaube, es ist eher einer, der desertieren wollte und dann erschossen werden soll – *O Himmelskönigin, nimm meine Seel dahin,* singt der oder denkt der, aber die Männer vom Männergesangsverein haben gesungen, was er denkt ... *Nimm sie zu dir in den Himmel hinein,* das war sehr rührend, und meinem Vater, der eine schöne Baritonstimme hat, sind beim Singen Tränen in den Augen gestanden.

Aber wenn auch dieses Gasthaus schon zuhat, was dann? Was wird er dann tun, mein sentimentaler Papa, geht er die Wassergasse hinunter zum Donaukanal? Hoffentlich nicht, denke ich, bete ich, ja, damals beginne ich richtig zu beten. Da soll er lieber zum Taxistandplatz oben beim Rochusmarkt gehen und in Gottes Namen zu dieser Margit fahren.

Die Kraft des Gebets. Was meinen Vater betrifft, hat sie ja vielleicht etwas genützt. Jedenfalls ist er Gott sei Dank wiedergekommen. Aus dem Gasthaus. Oder von Margit. Oder auch vom Donaukanalufer. Zum Unterschied vom Onkel Rudi, den ich der Eisenbahnoma zuliebe auch gern wieder herbeigebetet hätte.

Aus Stalingrad. Oder aus Sibirien, wohin man ihn, falls er in Gefangenschaft geraten war, womöglich deportiert hatte. Aber daraus wurde nichts. Der kam einfach nicht wieder. In solchen Nächten, in denen ich geweckt wurde, träumte ich manchmal von ihm.

Ist es in Russland kalt?, fragte ich.

Ja, sagte er. In Russland ist es sehr kalt.

Bei uns in Österreich war es allerdings auch kalt. Vielleicht war es nicht so kalt wie in den Wintern unmittelbar nach dem Krieg, aber es war immer noch kalt genug. Ich erinnere mich jedenfalls daran, dass ich in jenen Tagen fror. An den

Fenstern wuchsen Eisblumen, und durch den Spalt unter der Tür, die hinaus in die Schutthalde führte, zog es frostig ins Zimmer.

Ich versuchte die Geschichte der Schiffskatze zu schreiben, aber ich kam nicht recht voran. Ahoi, sagte die Katze. Damit hätte ein schönes Abenteuer beginnen können. Stimmt, sagte Polynesia, die schon viele Seereisen hinter sich hatte, das hätten wir beinahe vergessen. Für so eine Reise, Doktor, brauchst du unbedingt eine Schiffskatze – unter Deck, wo du den Schiffszwieback und das Pökelfleisch gelagert hast, hausen natürlich jede Menge Mäuse.

Man sollte glauben, von da an geht es ganz einfach. Nun muss das Schiff ja nur mehr aus dem kleinen Hafen auslaufen, und schon öffnet sich der Blick auf einen viel weiteren Horizont. Und in Hugh Loftings erstem Doktor-Dolittle-Buch ist es ja auch so – der Doktor ersucht den Affen Tschi-Tschi, der das von all den Tieren, die ihn auf der Reise begleiten, am besten kann, weil er Hände hat wie ein Mensch, den Anker zu lichten. Und die Seeschwalbe, die den Weg nach Afrika kennt, fliegt als Lotsin voraus.

In Afrika wäre es wärmer als hier. Schon die Phantasievorstellung von Afrika würde die Seele wärmen. Aber ich kam nicht so weit, ich fröstelte immer ärger. Da nützte es auch nichts, wenn ich mich statt ins Zimmer, das schwer zu beheizen war, in die Küche setzte, wo wir einen brav glühenden Ofen mit einem langen, schwarzen Ofenrohr hatten, das die Wärme in den ganzen Raum strahlte.

Und dann wurde es heiß, und das kam nicht von der immer wärmeren Sonne, in der die Schiffskatze vorläufig gern saß und blinzelte, denn sie hielt sich keineswegs nur unter Deck auf. Das kam aber auch nicht vom Ofen in unserer

Küche, das kam vom Fieber. Denn prompt wurde ich krank und musste im Kabinett im Bett liegen und Tee trinken. Am ersten Tag zeigte das Thermometer, das mir meine Mutter unter die Achsel steckte, nur etwas über achtunddreißig Grad Celsius, aber am zweiten waren es schon fast neununddreißig.

Fieber. Und eine immer schlimmere Enge im Hals. Es tat weh beim Schlucken. Dann tat es auch weh beim Sprechen. Das hatte ich, glaube ich, früher schon manchmal gehabt. Aber so arg wie diesmal war es noch nie gewesen.

Da begannen sich meine Eltern ernsthaft Sorgen um mich zu machen. Und vielleicht war es ja genau das, was ich gewollt hatte. Am dritten Tag holte mein Vater den Doktor Rosmanith. Das war der Arzt, der mich schon wegen des Bruchs ins Spital geschickt hatte.

Damals hatte er in meiner Leistengegend herumgetastet, jetzt schaute er in meinen Rachen. Es fühlt sich so an, als ob du einen Knödel im Hals stecken hättest, sagte er, nicht wahr? Mir steckte etwas anderes im Hals, aber ich konnte oder wollte ihm nicht sagen, was. So etwas, sagte er, nennt man auf jeden Fall Angina.

Fürs Erste musste ich Pillen schlucken, die meine Mutter zerkleinerte und in Limonade auflöste. Aber ein paar bittere Partikel blieben immer übrig und kratzten. Irgendein Antibiotikum wahrscheinlich, um die Entzündung zum Abschwellen zu bringen. Doch damit sollte es nicht sein Bewenden haben.

Viele Kinder haben nun einmal diese Disposition, sagte der Doktor, aber dazu kämen halt immer wieder irgendwelche auslösenden Faktoren. Das sei nicht nur lästig, sondern auch ungesund, durch diese Entzündungen kämen ständig Keime in Umlauf. Mit einem Wort, er würde meinen Eltern raten, mir möglichst bald die Mandeln nehmen zu lassen. So kam ich zum zweiten Mal ins Herz-Jesu-Spital.

Und wieder bekam ich die Äthernarkose, das Procedere kannte ich jetzt schon. Ob die Schwester mit der Flügelhaube dieselbe war, weiß ich nicht, aber die Äthermaske gab es bestimmt noch immer. Bis zehn zählen sollte ich auch und kam wahrscheinlich wieder nur bis sieben oder maximal acht. Und hörte wieder die Musik aus dem Film mit den Höhlenforschern.

Die Höhlenforscher in diesem Film wurden am Ende natürlich gerettet. Zwar hatten sie sich im Labyrinth des Höhlensystems, das sie erforschen sollten, verirrt, und womöglich waren sogar irgendwelche Gänge, durch die sie zurück ans Tageslicht kommen wollten, eingestürzt. Aber im letzten Moment, als die Glühbirnen in ihren Grubenlampen nur mehr ganz schwach leuchteten und sie kaum mehr Luft zum Atmen hatten, arbeitete sich doch noch ein Rettungsteam zu ihnen durch. Damals hatten die meisten Filme noch ein Happy End.

Als ich aus der Narkose erwachte, saßen meine Eltern an meinem Bett. Links meine Mutter und rechts mein Vater – oder war es umgekehrt? Jedenfalls war ich froh, dass sie beide da waren. Na also, sagte mein Vater, das hast du ja tapfer überstanden!

Und dann holte er mir in einer aus der Krankenhausküche geliehenen Thermoskanne eine große Portion Eis aus dem Eissalon *Panciera*. Das war einer der ersten echt italienischen Eissalons in Wien, gleich Ecke Baumgasse und

Landstraßer Hauptstraße. Und ich saß aufrecht im Bett und löffelte zufrieden, obwohl mir das Schlucken noch Schmerzen bereitete. Aber das wird mit jedem Löffel besser, versprach meine Mutter. Draußen, vor dem Fenster, durch das ein paar Strahlen Sonne auf die Bettdecke fielen, zwitscherten die Spatzen. Offenbar war Frühling.

VI

AUCH HIER UND JETZT, all die Jahre später, ist Frühling. Selbst wenn das Wetter manchmal verrückt spielt, die Jahreszeiten nicht mehr so leicht voneinander zu unterscheiden sind wie damals. Und ich bin wieder da und schau aus dem Fenster, in diesem Haus, in dem Eva und ich seit nunmehr schon wieder zehn Jahren wohnen. Der Himmel ist pastellfarben blau, wenn ich geradeaus in die Schulgasse schaue, ahne ich vorn auf der Höhe des Parks das Gelb der Forsythien.

Der heutige Tag scheint ein schöner Tag zu werden. Es ist Sonntag. Neben dem Einbahnzeichen auf der anderen Straßenseite stehen die Dreibeine mit den Plastikbehältern, aus denen man die Zeitungen nehmen kann. Wenn sie mich am Fenster stehen sehen, haben manche Leute Hemmungen, sich einfach zu bedienen, ohne Münzen in die unter den Behältern angebrachten Metallboxen einzuwerfen. Sie kramen dann angelegentlich in ihren Geldbörsen und scheinen immerhin ein paar Cent zu opfern.

Die Klosterschwester, die ich schon kenne, weil sie öfter hier vorbeigeht, auf ihrem Weg von der Schule zum Caritasheim, in dem es heute einen Flohmarkt gibt, diese freundliche alte Frau mit dem tief gebeugten Rücken, bezahlt wahrscheinlich den vollen Preis. In der *Kronenzeitung* sind am Sonntag immer Worte des Kardinals abgedruckt, vielleicht erinnert er die Leser ja wieder einmal daran, dass sie gut zu ihren Mitmenschen sein sollen. (Wenigstens vorsichtshalber, denn wer weiß, jeder Obdachlose, sogar jeder Migrant, der nicht vor Lampedusa oder in der Ägäis ertrunken oder in einem der sogenannten sicheren Drittstaaten im Osten auf der Strecke geblieben ist, könnte Jesus sein.) Aber der beliebte Kolumnist, der sich kein Blatt vor den Mund nimmt, und der überwiegende Teil der emsigen Leserbriefschreiber sind für gewöhnlich anderer Meinung.

Jetzt kommt der Typ, der anscheinend die Hunde alter oder *besserer* Leute spazieren führt – heute sind es vier an der Zahl, darunter ein Pudel und ein Terrier, die anderen zwei kann ich nicht nennen. (Mit Hunderassen kenn ich mich nicht so gut aus, aber alle sehen gepflegter aus als er selbst, mit seinem schütteren, fettigen Haar und der abgeschabten Lederjacke, die er bei jedem Wetter trägt.) Er nimmt eine Zeitung aus einem der Plastikbehälter und blättert darin, während die ihm anvertrauten Hunde einer nach dem anderen an den Pfahl des Einbahnschildes pinkeln. Dann steckt er die Zeitung zurück, wo er sie hergenommen hat (entweder ist er sehr schnell im Querlesen, oder er ist zu dem Ergebnis gekommen, dass es nicht lohnt, sie zu stehlen), und zieht weiter, lässt sich an den vier Leinen weiter Richtung Park ziehen, ein auf den Hund gekommener Wagenlenker.

Die Katze, die zu meiner Rechten auf dem Fensterbrett sitzt, beobachtet die Hunde mit artspezifischem Misstrauen. Aber vielleicht ist das Misstrauen, das sie, die wir Mimí genannt haben, gegen Hunde hegt, nicht nur artspezifisch. Nach allem, was wir erfahren haben, hat sie ursprünglich zum Nachbarhaus gehört. Zum Nachbarhaus, das einen noch schöneren und weitläufigeren Innenhof hat als unseres.

Dann aber kam die Zumutung mit dem Hund. Die glaubliche Tatsache, dass die Leute im Nebenhof einen Hund anschafften. Obwohl sie Katzen hatten. Mimí war dort nicht die einzige. Und hatte dem Vernehmen nach schon mehrere Male Junge geworfen, darunter den stämmigen, semmelfarbenen Kater, den die Frau M. später Ginger nannte.

Es kommt ja vor, dass sich Katzen ganz gut mit Hunden vertragen. Wahrscheinlich ist das am ehesten der Fall, wenn sie miteinander aufwachsen. Aber in diesem Fall war das anscheinend nicht so. In den ersten Monaten, vielleicht sogar Jahren dieses Katzenlebens dürfte es weit und breit keinen Hund gegeben haben.

Und dann taucht auf einmal dieser Terrier auf. Aus heiterem Himmel. Vielleicht auch nicht aus heiterem Himmel. Ich stelle mir vor, dass es draußen geregnet hat. Da treibt sich die Katze, deren Vorleben ich mir auszumalen versuche, natürlich nicht draußen herum, sondern sitzt oder liegt auch dort drüben in einem wahrscheinlich durchaus gemütlichen Zimmer, in Gesellschaft bis dahin katzenfreundlicher Menschen, am ehesten in der Nähe eines Heizkörpers.

Und da platzt dieser Hund herein: ein großes, im Vergleich zu ihr plumpes Tier. Mit meinem katzenempathischen inneren Auge sehe ich, wie er sich die Regentropfen aus dem Fell schüttelt. Ich höre das für Katzenohren ausgesprochen unangenehme Geräusch, das die durch dieses Schütteln in Bewegung geratenen Metallteile an seinem Geschirr und seinem Halsband verursachen. Und ich spüre beinah, wie sich auf meinem Rücken die Haare sträuben.

Der Hund bleibt ja nicht an der Schwelle eines bis dahin Katzen und Menschen vorbehaltenen Zimmers stehen. Nein, er benimmt sich, als ob er hierhergehörte. Nimmt kurz Witterung auf, und schon trottet er zielstrebig in die Küche. Direkt auf die Katzenschalen zu, die er, obwohl wahrscheinlich nur noch einige nicht mehr ganz so appetitliche Futterreste darin stehengeblieben sind, mit seiner Schlabberzunge ausleckt.

Ja, es ist wahr, dieser Hund war mir schon von den ersten Momenten seines Erscheinens an zuwider. Er war primitiv, er war laut, er war rücksichtslos, er war provokant. Würde Mimí vielleicht sagen, wenn sie unsere Sprache spräche. So wie er ging, so wie er sich bewegte, so wie er dreinsah, so wie er bellte und winselte, erregte er meinen Unwillen.

Daraus zog die Katze, die noch lang nicht Mimí hieß, offenbar ihre Konsequenzen. Sie verlagerte ihren Lebensmittelpunkt vom Hof mit dem Hund in den hundelosen Hof nebenan. Erschien vorerst immer häufiger vor der Tür oder auch auf dem Fensterbrett der Pianistin, die damals, stelle ich mir vor, gerade ein Programm mit Werken von Debussy und Fauré einstudierte. Und dann war Frühling, da ließ die Frau M. die Fenster und auch die Tür manchmal einen Spaltbreit offen, da kam die kleine Dreifarbige nach und nach ganz selbstverständlich zu ihr.

Aber zurück in jenen anderen Frühling. Den Frühling nach meiner Mandeloperation. Das hätte ein sehr schöner Frühling werden können. Das Gefühl, dass mir etwas die Kehle zuschnürte, war weg; die zerbrochene Milchglasscheibe an der Küchenkredenz war durch eine neue ersetzt; meine Eltern schienen sich wieder zu vertragen.

Manchmal benahmen sie sich geradezu wie frisch Verliebte. Wenn wir miteinander spazieren gingen, hielt mein Vater meine Mutter um die damals noch recht schlanke

Taille. Auf einer blühenden Wiese im Prater pflückte er ihr einen rührenden Strauß Blumen. Und auf dem Heimweg summte er ein Lied, in dem von einer kleinen, entzückenden Frau die Rede war, die irgendetwas genau wissen sollte, vermutlich, dass sie die einzige sei, auf die es ihm wirklich ankam, aber ob sich das am Ende auch noch reimte oder nicht, daran kann ich mich nicht mehr erinnern.

Und dann werde ich eines Nachts wieder geweckt und erschrecke, weil ich im ersten Moment denke, nun sind meine Eltern wieder rückfällig geworden. Doch obwohl ihre Stimmen nun recht laut werden, ist es kein Streit, den ich da höre. Vorerst bin ich mir übrigens nicht ganz sicher, ob das wirklich *ihre* Stimmen sind. Sie klingen auf irritierende Weise unartikuliert, bilden keine Worte, sondern stammeln und stöhnen bloß, haben etwas, das mich gleichzeitig befremdet und – ja, doch schon: erregt.

Und nach und nach beginne ich zu begreifen, was die zwei da tun. Das heißt: Ganz detailliert kann ich es mir damals noch nicht vorstellen. Ich bin ein früh an Sex interessiertes Kind (obwohl es dieses Wort damals in meinem Bewusstsein noch nicht gibt), ich habe einen Vater, der nackte Frauen (darunter auch meine Mutter) künstlerisch fotografiert ... Aber gewisse Informationen, die heutige Kinder, die ganz selbstverständlich mit Laptops und Smartphones heranwachsen, wahrscheinlich eher bekommen und früher zur Kenntnis nehmen (okay, das ist es also, so what ...), die ganz konkreten Bilder zu den Geräuschen, denen ich dann mit angehaltenem Atem lausche, habe ich mit sieben oder acht noch nicht.

Ich bin allerdings ein Kind, das sich, zum Unterschied von manchen anderen Kindern seiner Generation, nicht darüber wundert oder schlicht und einfach ausschließt, dass seine Eltern (so unattraktiv, so abgerackert, so früh gealtert, wie die meisten nach den Jahren, die sie mehr schlecht als recht überstanden haben, wirken) noch *so etwas* miteinander treiben. Nein, meinen Eltern ist das schon zuzutrauen. Und wenn das kein Streit ist, sondern, im Gegenteil, ein Indiz dafür, dass sie einander wieder mögen … Dann soll es mir recht sein, auch wenn sie dabei vielleicht nicht ganz so heftig sein müssten.

Jetzt hätte ich mich eigentlich wieder auf die Geschichte der Schiffskatze konzentrieren können. Aber da kam dann noch die Krise mit Friedi. Die junge Frau mit dem Mikro lächelt, womöglich hält sie das für eine etwas übertriebene Formulierung. Aber warten Sie ab, sage ich, für mich war das wirklich eine Krise.

Eines Tages nämlich eröffnet mir meine Freundin, dass unsere Beziehung so nicht weitergehen könne. Natürlich sagt sie mir das nicht in diesen Worten, aber es läuft darauf hinaus. Was wir da miteinander treiben, unten am Erdgeschossfenster, aber inzwischen auch schon an anderen Orten mit besseren Beleuchtungsverhältnissen, letzthin, bei sonnigem Wetter, sogar auf den schrägen Wiesen am Donaukanalufer, gegen allfällige Blicke der Passanten, die oben auf dem Treppelweg vorbeikommen, geschützt von dichtem Gebüsch, das dürfen wir nicht weitertreiben. Denn es ist Unkeuschheit und daher eine Sünde, das hat sie im Seelsorgeunterricht gelernt, den sie besucht, weil sie demnächst zur Kommunion gehen soll, ihre Mutter näht ihr dafür schon ein weißes Kleid.

Genau, das ist es: Meine Freundin Friedi, meine erste

Geliebte, die ich ungefähr dreißig Jahre später in einem Gedichtzyklus besingen werde, nicht ganz ohne Ironie, aber auch nicht ganz ohne Nostalgie, geht in den Seelsorgeunterricht. Wahrscheinlich sollte ich dort auch hingehen, aber meine Eltern hatten mich nicht angemeldet. Zumindest hatten sie mich nicht hingeschickt. So sind sie nun einmal, meine lieben Eltern, sie nehmen es mit manchen Dingen, die anderen obligat vorkommen, nicht so genau, und dafür bin ich ihnen dankbar.

Andererseits tragen sie auf diese Weise dazu bei, mich zum Außenseiter zu machen. Erst kein Kindergarten, jetzt keine Seelsorge. Dem katholischen Religionsunterricht wohne ich zwar bei, und manche von den Geschichten, die da erzählt werden, erkenne ich geradezu freudig wieder, denn die hat mir die Oma bereits erzählt (die von Moses zum Beispiel, wie er, als Baby, im Weidenkörbchen nilabwärts schwimmt und glücklicherweise von einer Tochter des Pharao aufgefischt wird, oder die vom gescheiten, aber eingebildeten Josef und seinen etwas weniger mit Gottes- und Vatergaben überhäuften Brüdern, die ihn erst in einen Brunnenschacht werfen und dann als Sklaven verkaufen), aber die Nach- oder Intensivbehandlung der Seele, die in der Sakristei der Apostelkirche stattfindet, bleibt mir erspart.

Folglich weiß ich gar nicht, wie schwarz sie ist. Und dabei sollte so eine Seele, die gewiss auch ich im Leib habe, möglichst durchsichtig sein. *Besinnen Bekennen Bereuen*, das sind die drei großen B, die der Katechet den Kindern, um deren Seelen er besorgt ist, an die Tafel geschrieben hat. Denn man kann nicht einfach so zur Kommunion gehen, erklärt mir Friedi, man muss vorher noch zum Waschtag durch die Beichte, im Beichtstuhl in der Kirche muss man niederknien und durch das dunkle Holzgitter, hinter dem der Kaplan sitzt, seine Sünden beichten, das ist eine sehr unangenehme Vorstellung, weil man da alles sagen muss, *wie oft hast du das und das getan?*, da darf man nicht lügen, denn das wäre erst recht eine Sünde, also wird sie, die reuige Friedi, auch sagen müssen, was *wir* miteinander getan haben, *sehr oft* haben wir es getan, es war ja schon fast eine liebe Gewohnheit, aber das ist ja das Schlimme, denn das ist sogar eine *schwere* Sünde, und daher wird sie das nicht mehr mit mir tun, denn sie will meinetwegen nicht in die Hölle kommen, Schluss, aus, basta.

Und ich schließe die Augen und versuche ihr Bild zu rekonstruieren, wie sie mir diese Rede hält und sich dabei einen Kranz aus Gänseblümchen flicht, den sie sich dann auf den Kopf setzt, ich versuche mich ihrer Haarfarbe zu erinnern, nein, sie war nicht rothaarig wie ihre Mutter, eher, glaube ich, dunkelblond, aber genau weiß ich es nicht mehr, dass man so was vergisst, als ich sie später, weit jenseits unserer Kindheit, wiedersehe, ist ihr Haar bläulichweiß gefärbt, warum, frage ich mich, richtet sie sich da schon her wie eine ältere Dame, schade, wie alt sind wir denn dann, Anfang vierzig, maximal Mitte, das ist doch noch kein Alter, doch damals, am Ufer des Donaukanals, da sind wir erst irgendwas zwischen sieben und acht, und jetzt sehe ich sie schon deutlicher, die tief stehende Sonne in ihrem Haar, das dadurch doch noch einen rötlichen Schimmer bekommt, es ist ein später Nachmittag oder früher Abend im Frühling, vielleicht Ende März oder Anfang April, jedenfalls vor dem Sonntag nach Ostern, dem *Weißen* Sonntag, denn an diesem Tag soll sie die Kommunion empfangen, und sie setzt sich den Kranz auf und lächelt, jetzt hat sie gar keine Zahnlücken mehr, was wir getan haben, ist eine Sünde, womöglich sogar eine Todsünde, sagt sie, außer wir wären verheiratet.

Und da stelle ich ihr glatt die Ehe in Aussicht. *Willst du meine Frau werden?*, frage ich, zumindest im Gedicht, und *ja*, antwortet sie, *ich will*. Und wir wären ein hübsches Paar gewesen. Aber mit mir sündigen will sie bis auf weiteres trotzdem nicht mehr.

Und dann sehe ich sie schon auf dem Platz vor der Kirche, im langen weißen Kleid, mit einer langen weißen Kerze in der Hand. Und nur ganz kurz sieht sie mich, der ich zwar nicht zur Kommunion gehe, aber trotzdem dabei bin, im Spalier stehe, denn mein Vater, der mich nicht in den Seelsorgeunterricht geschickt hat, fotografiert nichtsdestoweniger auch hier. Und schon senkt sie den Blick wieder, ganz fromm sieht sie drein, ihre Augenlider sehen auch auf den Fotos länger aus als sonst. Und sie schreitet mit den anderen Erstkommunionkindern durch das von steinernen Statuen der Apostel Petrus und Paulus flankierte Kirchentor, von drin hört man Orgeltöne, und dann verschwindet der weiße Kranz, den sie auf dem Kopf trägt, keine Gänseblümchen, sondern wahrscheinlich Narzissen, im Dunkeln, dann sehe ich nichts mehr von ihr, *Friedi oh Friedi / wie schön wars mit dir / Vater und Mutter zu spielen*, aber nun ist das vorbei.

Rund dreieinhalb Jahrzehnte später sitze ich mit Eva im *Andino*. Kennen Sie das noch? Dieses von Chilenen, die nach Pinochets Putsch gegen Allende in Österreich gelandet waren, geführte Lokal? Mitte der Siebzigerjahre war es eine

Bereicherung der Wiener Alternativszene. In den Achtzigerjahren war es nicht mehr ganz so gut besucht, aber wir gingen noch immer ab und zu hin, obwohl die bunten Fresken an den Wänden schon etwas verblassten.

Also wir sitzen im *Andino,* ich glaube, es war vor oder nach einem Kino- oder Theaterbesuch. Und da schaut von einem der Nebentische eine junge Frau wiederholt zu uns herüber. Und dann steht sie auf und tritt an unseren Tisch und sagt: Bist du der Henisch, der Schriftsteller? Und ich sag: Ja. Und sie sagt: Meine Mutter ist die Friedi.

Und sie setzt sich zu uns und erzählt, dass ihre Mutter ein Buch von mir gefunden hat. Nämlich, wenn ich es recht verstehe, ein irgendwo im Ramsch gelandetes Exemplar. So ein rotes Buch, sagt Friedis Tochter, *Wiener Blut* heißt es oder so ähnlich. Und als ihre Mutter in diesem Buch geblättert hat, ist sie auf ein Gedicht gestoßen, in dem sie vorkommt: *Friedi oh Friedi / wie schön wars mit dir …* Also da war sie sehr gerührt.

Ein Zimmer in einem kleinen Hotel in der Rue du Repos. Öffne ich das Fester, so riecht es von draußen nach Friedhof. Schau ich hinaus, so sehe ich die Friedhofsmauer. Die Mauerkrone ist mit nach außen und innen weisenden Speerspitzen gespickt.

Graffiti an der Mauer, zum Teil schon von Efeu überwachsene Parolen aus dem Jahr 1968. Unter den Pflastersteinen ist der Strand, wie schön, wenn das wahr wäre. Die Phantasie an die Macht, gewiss, das klingt verlockend. Aber Alle Macht ist Unrecht, ja leider, ja eben.

Jenseits der Mauer: viele berühmte Tote. Darunter vielleicht auch ein Untoter: Jim Morrison. Seine Fans jedenfalls wollen ihn nicht tot haben. Seinetwegen bin ich hierhergekommen.

Der Protagonist, in dessen Haut ich geschlüpft bin, heißt Paul. Ohne Familiennamen. Paul genügt. Paul, ein nicht ganz von sich überzeugter Schriftsteller. Einer, der lieber nicht ohne Netz arbeiten wollte, also hat er seinen Job als Journalist nie ganz aufgegeben und ist in diesem Netz hängen geblieben.

Aber jetzt ist er Morrison auf der Spur. Eine Lesereise durch die Vereinigten Staaten hat er genützt, um an möglichst viele Orte zu kommen, die in Morrisons Leben eine Rolle gespielt haben. Doch nun, gegen Ende des Romans, an dem ich seit zwei Jahren schreibe, sind wir in Paris gelandet. Paris ist die Kulisse für Morrisons Tod.

Und jetzt schließe ich das Fenster – die Luft von draußen riecht nicht nur nach Friedhof, sie ist auch kühl und feucht.

Und wir müssen ein bisschen aufpassen, Paul und ich. Wir sind nämlich anfällig für Erkältungskrankheiten. Schon spüre ich einen Anflug von Kopfweh – ist das nun seins oder meins?

VII

ABER ZURÜCK in meine Volksschulzeit. Damals besuchte ich die zweite Klasse. Nicht nur Friedi empfing die Erstkommunion, sondern auch die meisten meiner Mitschüler. Wahrscheinlich alle, bis auf den Brenner Edi, der evangelisch war, doch der ging, wie er sagte, zum Abendmahl.

Die Buben sahen übrigens gar nicht glücklich aus, wie sie da an diesem sonnigen Sonntagvormittag in die Kirche einmarschierten. Die Mädchen in ihren weißen Kleidern und mit den Kränzen im Haar genossen es, bei aller zur Schau getragenen Frömmigkeit, dass sie, so aufgeputzt, immerhin hübsch anzusehen waren. Aber die Buben in ihren unbehaglichen dunklen Anzügen, diese Buben, die von ihren Eltern zu allem Unglück auch noch zum Friseur geschickt worden waren! Zu jener Zeit rasierten die Friseure die Haare von Volksschülern am Hinterkopf geradezu gnadenlos.

Ich war also eigentlich froh, dass ich nicht dabei war. *Kinder, seid ihr alle da?* – Ich nicht. Das entsprach mir doch – oder? Ich stand am Rand, im Spalier, ich beobachtete, was sich da abspielte. Während mein Vater, der ja so gut wie alles knipste, auch dieses Spektakel fotografierte.

Und natürlich musste er dabei schon wieder einmal auffallen. Die kleine Pestsäule auf dem Kirchenvorplatz war von einer hüfthohen Balustrade umgeben. Prompt schwang er sich dort hinauf, um über die Köpfe der Leute, von denen ihn fast alle überragten, hinweg fotografieren zu können.

Und schon eilte ein Mesner mit großen Schritten zu ihm hin, um das zu unterbinden.

Mein Gott, Walter!, seufzte meine Mutter, die hinter mir stand. Ihr war so etwas immer ein bisschen peinlich. Was mich betrifft, so sah ich das mit gemischten Gefühlen. Ein bisschen peinlich war es mir auch, aber manchmal habe ich meinen Vater um diese Unbefangenheit (oder Chuzpe), die ich nicht von ihm geerbt habe, beneidet.

Das muss 1952 gewesen sein – oder war es 1951? Jedenfalls in dem Frühjahr, in dem der neue Bundespräsident gewählt wurde. Der alte Bundespräsident (Karl Renner) war in den Weihnachtsferien gestorben. Als wir Schüler nach dem Dreikönigstag wieder in die Schule kamen, war sein Porträt von einem Trauerrand umgeben.

Die erste Schulstunde im neuen Jahr wurde dann eine Art Nachrufstunde. Eine Stunde, in der sich unser Lehrer redlich bemühte, uns zu vermitteln, was für ein bedeutender Mann der Verstorbene gewesen war. Das kann allerdings nicht leicht gewesen sein. Verglichen mit den Geschichten, die uns Gatterer sonst erzählte, war die Vita des nunmehr im urgroßväterlichen Alter von achtzig verstorbenen Politikers nur mäßig spannend.

Ich nehme auch an, dass ihr die meisten von uns nicht lang folgen konnten. Allenfalls bekamen wir noch mit, dass Karl Renner schon vor einem halben Jahrhundert im Parlament gesessen sei. Damals, als in der Hofburg oder auch in Schönbrunn noch der Kaiser Franz Joseph residiert hatte. Aber schon unter Renners Mission als Leiter der österreichischen Delegation in Saint-Germain konnten wir uns vermutlich kaum mehr etwas für uns Fassbares vorstellen.

Dass dort zwischen Siegern und Verlierern verhandelt worden sei. Und dass wir (wieso *wir*?) nicht zu den Siegern gehört hatten. In Verhandlungen nach einem Krieg, der auch schon ein Weltkrieg gewesen sein sollte. Nämlich der erste, lang vor dem zweiten, an den wir uns, obwohl wir noch mitten in ihn hineingeboren worden waren, glücklicherweise nur vage erinnerten.

Doch unser Lehrer redete weiter und weiter. Noch dazu in einem dem Trauerfall angemessenen Ton, der sich sehr unvorteilhaft von seiner sonst lebhaften Erzählweise unterschied. Kein Wunder, dass ihm viele schon bald nicht mehr richtig zuhörten. In den hinteren Bankreihen entstand eine gewisse Unruhe.

Eine Unruhe, die dann von Reihe zu Reihe nach vorne wanderte. Während der arme Gatterer tapfer weitererzählte, wozu er sich, nehme ich an, verpflichtet fühlte. Etwa dass Österreich nach den auf Weltkrieg Nr. 1 folgenden Verhandlungen leider nur mehr das gewesen sei, was von dem großen Vielvölkerstaat, der es einmal gewesen war, übrig blieb. Das sei einerseits traurig, aber andererseits waren viele Leute damals froh, dass sie von nun an in einer Republik lebten.

Das war allerdings erst die Erste Republik. In der Karl Renner schon alle möglichen Ämter *bekleidet* hatte. Die meisten Details der Trauerrede unseres Lehrers kann ich natürlich nur rekonstruieren. Was aber diese Formulierung betrifft, so weiß ich gewiss, dass er sie verwendet hat, weil sie mich eine Weile beschäftigte.

Da stellte ich mir die Bekleidung von Ämtern bildlich vor, die Aktivitäten des verstorbenen Präsidenten etwa so wie später jene des Künstlers Christo, der sich durch Verhüllung diverser Gebäude einen Namen machte. Ich sah beispielsweise das Postamt auf dem Rochusplatz bekleidet vor meinem geistigen Auge oder das Finanzamt in der Erdbergstraße. So schweiften meine Gedanken und meine Phantasie etwas von der Lebensgeschichte des verstorbenen Staatsoberhauptes ab. Und dann war Gatterer, der unter dem Druck der weiter anschwellenden Unruhe im Klassenzimmer vielleicht doch einige ohnehin heikle Jahre übersprungen hatte, schon in der Zweiten Republik angekommen, *unserer* Republik, über die wir froh und auf die wir stolz sein konnten, der Zweiten Republik, *an deren Wiege* Karl Renner ebenfalls gestanden war.

Danach war er, sozusagen in logischer Konsequenz, Bundespräsident gewesen, aber jetzt war er trotzdem tot. Und wurde aufgebahrt, sodass man noch von ihm Abschied nehmen konnte. Da war mein Vater, der Fotograf, natürlich auch dabei. Ich erinnere mich an ein Foto, auf dem der weiße Kinnbart des toten Präsidenten aussah, als wäre er gefroren.

Das war schon im Jänner gewesen. Doch jetzt war Mai. Nun sollte ein neuer Präsident gewählt werden. Und zwar zum ersten Mal vom Volk, wie es hieß. Da klebten allenthalben die Wahlplakate.

Und jetzt fällt mir der Abend ein, an dem zwischen meinen Eltern wieder eine gewisse Spannung aufkam. Wir drei, Vater, Mutter, Kind, gingen durch die Ungargasse – wir kamen, glaube ich, vom Fasankino, jedenfalls wollten wir nach Hause, und da, an der Ecke zur Neulinggasse, war eine besonders lange Plakatwand. Dahinter war ein schon vom Schutt leergeräumter, aber immer noch unverbauter Platz, der nun als Lagerplatz benutzt wurde. Für gewöhnlich klebten hier Plakate, die zum Kauf von Waren anregen sollten, die man sich nun allmählich wieder leisten konnte – etwa Strümpfe von Palmers oder Bohnenkaffee von Meinl (*echter Bohnenkaffee*, der nach den mageren Kriegs- und Nachkriegsjahren noch immer als etwas Besonders galt). Aber seit ein paar Wochen hingen an diesen Wänden vor allem die Plakate, auf denen die Kandidaten für die Wahl zu sehen waren.

Vielleicht, ja wahrscheinlich, waren es nur mehr die Kandidaten für die Stichwahl. Denn im ersten Wahlgang hatte keiner der fünf oder sechs Kandidaten die absolute Mehrheit erreicht. Nun ging es nur mehr darum, sich für den Kandidaten der Sozialistischen Partei oder der Volkspartei zu entscheiden. Der eine war der Bürgermeister von Wien, Theodor Körner, der andere der Landeshauptmann von Oberösterreich, Heinrich Gleißner.

Nun war Körner ein würdiger alter Herr mit weißem Bart – was das Aussehen betraf also ein etwas freundlicher dreinblickender Cousin des verstorbenen Karl Renner. Gleißner jedoch war oder wirkte ein bisschen jünger, weil er keinen Bart hatte. Das war damals so, ganz im Gegensatz zu später, als sich die jungen Männer (auch ich) möglichst früh Bärte stehen ließen, die dann, etwa ab Mitte der Sechzigerjahre, als Zeichen alternativer Gesinnung galten. Während sich die alten Männer glattrasierten, obwohl manchen aufgedunsenen oder eingefallenen Gesichtern zumindest der Anschein von Lebenserfahrung und Würde ganz gutgetan hätte.

Doch jetzt bin ich mit meiner Erinnerung erst im Jahr 1951. Vor der Plakatwand, auf der die Präsidentschaftskandidaten Körner und Gleißner zu sehen sind. Körner mit Bart, aufrecht stehend, vielleicht ein bisschen steif. Gleißner glattrasiert, sitzend, mit einem Kind auf dem Schoß (kleines Mädchen mit großer Masche).

Und die Tatsache, dass er dieses Kind auf dem Schoß hält, nimmt meine Mutter für ihn ein. Eigentlich ist das doch ein sympathischer Mensch. Sie sagt *eigentlich*. Und das hat einen guten Grund. Bis dahin war es zwischen meinen Eltern nämlich so gut wie ausgemacht, dass sie Körner wählen würden.

Körner, den mein Vater schon oft fotografiert hatte. Mein Vater, der allmählich immer mehr Aufträge von sozialistischen Zeitungen bekam, von der *Illustrierten Wiener Bilderwoche* zum Beispiel oder von der Wochenzeitung *Die Frau*. In den ersten Jahren nach dem Krieg war es nicht ganz so eindeutig gewesen, in welche politische Richtung er sich wenden würde, er hatte seine Fotos den Zeitungen so gut wie aller Couleurs angeboten, ob blassrot oder schwarz, sagte er, das ist mir doch alles eins – ja, als es von diesen Seiten gewisse Vorbehalte wegen seiner Vergangenheit als Kriegsberichter gegeben hatte, da waren seine Fotos eben in der kommunistischen *Weltillustrierten* erschienen. Und warum nicht, sagte er trotzig, Kunst geht nach Brot, und auch dunkelrot war für ihn eine schöne Farbe.

Aber ab etwa 1950 kam er nicht nur mit den sozialistischen Zeitungen, sondern auch mit diversen sozialistischen Organisationen immer besser ins Geschäft, mit Organisationen wie den *Kinderfreunden* und den *Roten Falken*. Blauhemden, rote Fahnen, Zeltlager, das gefiel ihm, da fühlte er sich fast wieder so schön in seinem Element wie ehemals bei der Hitlerjugend. Ihm war schon klar, dass man da ideologisch etwas anders lag. Doch die Ästhetik war eine ähnliche, und er war ein Fotograf, der sich darauf verstand, sie ins Bild zu bringen, und natürlich fotografierte er dann auch bei den mit viel Aufwand betriebenen und damals noch sehr populären Parteiveranstaltungen zum 1. Mai.

Am Vorabend zum 1. Mai aber gab es einen Festakt auf dem Rathausplatz. Und zu so einer Veranstaltung, daran erinnere ich mich noch ganz gut, hatte mein Vater meine Mutter und mich mitgenommen. Da war eine Bühne aufgebaut, auf der sangen zuerst Chöre aus diversen Bereichen der arbeitenden Bevölkerung in der Arbeitskleidung oder in den Uniformen, an denen auch ich manche von ihnen erkannte, also etwa die Straßenbahnerinnen und Straßenbahner. *Brüder, zur Sonne, zur Freiheit,* sangen sie, obwohl es, wie man (frau) heutzutage weiß, natürlich *Brüder und Schwestern* hätte heißen müssen, aber das fiel damals noch nicht so sehr auf.

Hinter der Bühne wehten, von Scheinwerfern angestrahlt, rote Fahnen mit dem Symbol der drei Pfeile. Die waren ursprünglich gegen Kapitalismus, Faschismus und Reaktion gerichtet, aber das galt damals schon als Vergangenheit, die man lieber nicht mehr heraufbeschwören wollte. Nun, in der Gegenwart, waren sie von einem Ring umgeben und wiesen nicht mehr nach unten, sondern nach oben. So symbolisierten sie das erhoffte Miteinander von Industriearbeit, Landarbeit und geistiger Arbeit.

All das erfuhr ich allerdings erst später, als ich dem VSM, dem Verband Sozialistischer Mittelschüler, beitrat. Weil es dort mehr Tischtennistische gab und weil die Mädchen, ließ ich mir sagen, weniger zickig waren als bei der katholischen

Jungschar. Und tatsächlich lernte ich auf einer sogenannten Party, im Arbeiterheim der Per-Albin-Hansson-Siedlung, Sonja kennen, die mich, der ich am Rand stand (vielleicht immer noch blockiert durch Friedi oder meine liebe Mama), zum Tanzen aufforderte. Und das war dann ein Tanz (Rock'n'Roll oder so etwas Ähnliches) von nachhaltiger Wirkung.

Auf dem Rathausplatz jedoch gibt es an jenem Abend vor dem 1. Mai 1951 auch noch tänzerische Darbietungen. Da tanzen in oben enganliegende, aber unten weite Kleidchen und weiße Strümpfe gekleidete Mädchen Ballett. Oder war das ein anderes Mal – selber Ort, aber anderes Jahr –, vermischt sich diese Erinnerung womöglich mit der Erinnerung an eine Festwocheneröffnung? Nein, ich glaube, jetzt treten tatsächlich noch Paare auf, die klassisch Walzer tanzen.

Von der Bühnenrampe bis zum Rathauspark, aus dem der Flieder duftet, gibt es viele dichtbesetzte Reihen mit hölzernen Klappsesseln. Aber meine Mutter und ich sitzen in der ersten Reihe, das hat mein Papa organisiert, mein doch nicht nur peinlicher, sondern auch, zugegeben, in gewisser Hinsicht beachtlicher Papa, der trotz der Geräte (zwei Kameras und ein Blitzgerät) leichtfüßig vor der Bühne und um die Bühne herumtänzelt. Manchmal sehe ich meine Mutter von der Seite an, weil sie sich heute besonders schön gemacht hat, ihr Gesicht glänzt, aber nicht etwa, weil ihr Make-up so schlecht hält, sondern weil sie sich so bevorzugt fühlt. Bei so einem Festakt in der ersten Reihe zu sitzen, darauf kann man sich schon etwas einbilden.

Doch damit nicht genug – als die Tanzdarbietung vorbei ist, winkt uns mein Vater, der jetzt neben der Bühne steht und mit jemandem spricht – anscheinend will er uns diesem Jemand vorstellen. Kommt doch!, winkt er, und als wir uns nähern, sehen wir, dass der Mann, mit dem er im Gespräch ist (ein großer Mann, der meinen Vater um gut zwei Köpfe an Körpergröße überragt), einen weißen Bart hat und unter dem Bart schmunzelt. Vielleicht hat ihm mein wie immer etwas zu auffallend gestikulierender Vater gerade einen Witz erzählt. Und meine Mutter flüstert: Das ist doch der Körner!

Und tatsächlich, das war er, Theodor Körner, im Ersten Weltkrieg Generalstabschef am Isonzo, in der Ersten Republik militärischer Berater des Republikanischen Schutzbundes, jetzt, am letzten Aprilabend 1951, Bürgermeister von Wien, aber auch Präsidentschaftskandidat der sozialistischen Partei, und ungefähr drei Wochen später Wahlsieger, der erste vom österreichischen Volk gewählte Bundespräsident. Und mein Vater stellt uns vor, und Körner sagt *küss die Hand* zu meiner Mutter, obwohl er ihr nicht wirklich die Hand küsst, sondern das nur andeutet, ein Kavalier vom alten Schlag. Aber mir, dem kleinen Buben von siebeneinhalb, gibt er tatsächlich die Hand, eine erstaunlich weiche Großvatertatze. Und stellt mir, bemüht launig, eine Frage, die eher zum Nikolaus passen würde, an den er mich, wie mir nun klar wird, schon die ganze Zeit über erinnert: *Ist der Papa brav?* Und was soll ich darauf sagen?

Doch nun stehen wir vor der Plakatwand in der Ungargasse, und meine Mutter ist drauf und dran, Theodor Körner, der so leutselig nett zu uns war, zu verraten. Er hat ihr beinah die Hand geküsst, und sie will nun trotzdem womöglich Gleißner wählen. Nur weil der auf dem Wahlplakat ein nettes Kind auf dem Schoß hält. Das kannst du doch nicht machen!, sagt mein Vater. Und warum nicht, fragt meine Mutter. Ich muss mir das noch überlegen.

Wir haben ein freies und geheimes Wahlrecht, sie wird sich vielleicht erst in der Wahlzelle entscheiden. Und nirgends steht geschrieben, dass die Männer ihren Frauen da dreinreden dürfen. Ich bin doch mein eigener Herr!, sagt meine Mutter auf einmal erstaunlich widerborstig. Außerdem ist dieser Gleißner ein fescher Mann.

Ach was!, sagt mein Vater. Ein Oberösterreicher im Steireranzug … (Nebbich, würde seine Mutter, meine belesene Oma, sagen.)

Aber was weißt denn *du*!, sagt meine Mutter. Das ist kein Steireranzug, sondern ein oberösterreichischer Trachtenanzug.

War da, vonseiten meiner Mutter, ein gewisses Ressentiment zu spüren? Gegen meinen Vater, der glaubte, sich über so etwas lustig machen zu können? Sich über so etwas lustig machen zu *dürfen*? Ich weiß nicht. Vielleicht höre ich ja im Nachhinein das Gras wachsen.

Jedenfalls herrscht dann Verstimmung zwischen meinen Eltern. Sie reden bis auf weiteres kein Wort mehr miteinander. Von dieser Plakatwand bis zu uns nach Hause braucht man kaum länger als zwanzig Minuten. Doch mit diesen verdrossen schweigenden Eltern kommt mir das sehr lang vor.

VIII

UND WAS WAR DANN? Ich glaube, meine Mutter hat trotzdem Körner gewählt. Jedenfalls hat er dann die Wahl zum Bundespräsidenten gewonnen. Knapp. Während nach dem ersten Wahlgang noch Gleißner um ein paar Stimmen mehr hatte. Vielleicht war die Stimme meiner Mama wahlentscheidend.

Und Körner war dann ein würdiger Präsident – so wie er aussah und auftrat, hatte er nicht nur etwas vom Nikolaus, sondern auch etwas von Kaiser Franz Joseph. Vom im Nachhinein gutgeheißenen Kaiser. Joseph Roth, der sich ja bekanntlich vom Sympathisanten der Revolution zum Nostalgiker der Monarchie wandelte, hätte mit ihm seine Freude gehabt. Noch dazu, wo Körner doch ein General a. D. war – Respekt!

Wir sahen ihn dann noch einmal leibhaftig – nicht Joseph Roth, den ich leider nicht mehr persönlich kennengelernt habe, sondern Theodor Körner. Das war bei der Premiere des Films *1. April 2000* im *Apollo-Kino*. Da war er schon in diese Rolle hineingewachsen. Der leutselige Ersatz-Kaiser – keiner der Bundespräsidenten, die nach ihm gekommen sind, hat das so überzeugend hingekriegt.

Das *Apollo* im sechsten Bezirk, ehemals ein Varietétheater. Heute ein Kinocenter wie zu viele andere, doch damals hatte es noch ein elegantes Flair. Dort fand also die Galapremiere dieses Films statt. Da fuhren stattliche Autos vor, und Prominente aus Politik und Kultur stiegen aus.

1. April 2000 – mit diesem Film und seinem Titel hatte es nämlich eine besondere Bewandtnis. Die Premiere fand allerdings nicht im April statt, sondern im November. Ja, ich erinnere mich, draußen war es schon recht kalt. Aber Körner stieg ohne Mantel aus dem Auto – angeblich trug er nie Mäntel, auch auf seinem Denkmal, das man später in den Rathauspark gestellt hat, trägt die Statue, die ihn darstellen soll, bloß eine Jacke aus Bronze.

Damals, im *Apollo*, trug er allerdings ein elegantes Sakko. Möglicherweise war das sogar ein Smoking. Und – wenn ich mich recht erinnere – keine Krawatte, sondern eine zu einer Masche gebundene, wahrscheinlich seidene Schleife. Standen meine Mutter und ich im Spalier, bevor wir dann unsere Plätze einnahmen; nickte Körner uns zu, oder nickte er einfach so, einmal nach links, einmal nach rechts?

Mein Vater jedenfalls wieselte rechts und links herum, wie es seine Art war. Brachte nicht nur Körner ins Bild, sondern auch Figl, damals Bundeskanzler, den ich natürlich aus den Wochenschauen im *Capitol-Kino* kannte. Ein kleiner Mann mit Schnurrbart und borstigem Haarschnitt, der mich immer ein wenig an einen Igel erinnerte. An den schlauen Igel aus dem Film *Igel und Hase* nämlich, den uns der Lehrer Gatterer noch in der ersten Klasse vorgeführt hatte (einen von diesen alten 16-mm-Filmen, zur Verfügung gestellt von der Lichtbildstelle der Stadt Wien, durch einen surrenden Projektor auf eine wacklige Leinwand geworfen).

Figl, davon konnte ich mich jetzt überzeugen, sah wirklich so aus. Wie der Igel in diesem flimmernden Film. Ich glaube, Hase und Igel wurden durch Puppen dargestellt, die aber erstaunlich (und ein bisschen erschreckend) lebensecht wirkten. Besonders in der Schlussszene, als der Hase zusammenbrach, weil er den mehrmals wiederholten Wettlauf mit dem Igel auf für ihn unfassbare Weise immer wieder verlor – BIN SCHON DA!, stand jedes Mal, wenn er am Ziel ankam und der Igel schon lächelnd auf ihn wartete, im Untertitel.

Ist das eine ungebührliche Abschweifung? – Figl war immerhin der Mann, der ein paar Jahre später, als Außenminister der Regierung Raab, vom Balkon des Schlosses Belvedere aus einer dichtgedrängt stehenden Menschenmenge den von den Außenministern Frankreichs, Englands, der Sowjetunion und der Vereinigten Staaten unterzeichneten Staatsvertrag vorweisen sollte. Ein historischer Moment, in dem mein fixer Vater natürlich auch zur Stelle war. Ich erinnere mich an die Fotomontage, an der er dann ebenso eifrig wie eilig bastelte, alles noch Handarbeit, mit Schere und Klebstoff, ein Bild, auf dem die Menschenmenge, die den unteren Belvederegarten bis zum Palais Schwarzenberg füllte, noch doppelt so groß aussah als in Wirklichkeit. Gelernt ist gelernt, sagte er. So etwas konnte er noch ganz ohne Computer.

Österreich ist frei!, sollte Figl dann rufen, aber das war erst im Mai 1955. Jetzt, im November 1952, war es noch Utopie. Und der Film, den wir dort im *Apollo-Kino* sahen, als alle Ehrengäste, darunter auch die Vertreter der Besatzungsmächte, ihre Plätze eingenommen hatten, dieser Film gab sich ja halb und halb als Science-Fiction. Aber er gab sich auch ein bisschen als Satire oder – trotz des nicht ganz dazu passenden Premierentermins – als Aprilscherz.

Ja richtig, sagt die Frau S., diesen Film hab ich auch gesehen! Also wie war das? Der Josef Meinrad war Kanzler …

Stimmt, sage ich. Aber die Alliierten waren im Jahr 2000 noch immer in Österreich. Und ihre Hohen Kommissare haben, wie schon seit sage und schreibe 55 Jahren, unsere Regierung angelobt.

Doch dann reißt dem neuen Bundeskanzler, der bei der Angelobung noch so bieder und brav ausgesehen hat, im Namen aller Österreicherinnen und Österreicher die Geduld. Und er zerreißt demonstrativ seine I-Karte, den von den Besatzern ausgestellten, viersprachigen Personalausweis. Damit nicht genug – er fordert seine Landsleute auf, es ihm nachzutun! Und nach dem ersten Schreck über so viel Kühnheit, die sie ihm (und sich) gar nicht zugetraut hätten, tun sie das auch und jubeln.

1. April 2000. Ja, das war damals ein utopisches Datum. Total utopisch. Unvorstellbar weit weg. Wie alt würde ich da sein? Ich saß neben meiner damals immer noch fast jung aussehenden Mutter im *Apollo-Kino* und versuchte, das auszurechnen. Aber für ein sonst am Rechnen nur mäßig interessiertes Kind von achteinhalb Jahren war das gar nicht so einfach.

Während auf der Leinwand der Film lief, versuchte ich das an den Fingern abzuzählen. Ich glaube, ich verzählte mich einige Male. Meine Mutter, zu der ich im Halbdunkel des Kinosaals manchmal hinüberschaute, vielleicht, um mich zu vergewissern, dass sie noch da war, hatte ein hübsches Profil, manchmal, etwa als eine Rakete vor dem Schloss Schönbrunn landete, aus der dann eine Delegation des sogenannten Weltgerichts stieg, lachte sie. Aber sie lachte ein bisschen gezwungen, sie hatte nicht viel übrig fürs Utopische, sie war mehr für die Wirklichkeit.

Die Herrschaften vom Weltgericht aber landeten, weil die Österreicherinnen und Österreicher durch das Zerreißen der Identitätskarten die Weltordnung gestört hatten. Oder sogar den Welt*frieden* – ja, ich glaube, es war der Welt*frieden*. An der Störung des Weltfriedens waren sie nämlich schon zwei Mal beteiligt gewesen. Aber das wurde nur vage angedeutet, und anscheinend handelte es sich dabei um Missverständnisse.

Die Österreicher waren nämlich ein von Grund auf liebenswürdiges Volk. Und das sollte nun bewiesen werden. Mit Maria Theresia und dem Prinzen Eugen, mit Mozart und Johann Strauß, mit der anheimelnden Atmosphäre von Heurigenlokalen, Konditoreien und Almhütten. So ungefähr. Ich glaube, die Sängerknaben waren auch dabei.

Jedenfalls wurden wir Österreicher dann nicht bestraft, sondern mit der lang ersehnten Unabhängigkeit belohnt. Und da machten dann alle in dem Film einen glücklichen und zufriedenen Eindruck. Bis zu diesem Happy End hatte ich immer wieder die Jahre zu zählen begonnen, die bis zum Jahr 2000 vergehen würden, und meine achteinhalb Jahre dazugerechnet. Und war zu dem Ergebnis gekommen, dass ich im Jahr 2000 siebenundfünfzig Jahre alt sein würde, also für meine damaligen Begriffe sehr alt.

Das Jahr 2000 schien mir damals fast unendlich weit entfernt. Und kam mir auch später noch lang so vor wie ein Fluchtpunkt. Der Punkt, auf den das Jahrhundert, in dessen Mitte ich geboren war, zwar perspektivisch zulief. Er selbst aber lag schon an unserem damaligen Horizont, und alles darüber hinaus war total jenseitig.

Und jetzt sind wir schon wieder anderthalb Jahrzehnte darüber hinaus. Und sehen das Jahr 2000 sozusagen von der anderen Seite. Und es gibt immer mehr Leute, die sich nicht mehr an die Zeit davor erinnern können oder wollen. Ich aber *will* mich erinnern. Jetzt erst recht.

Woher kommen wir, wohin gehen wir, was wird aus uns werden? Wer sind wir, wer waren wir, wer werden wir sein? Unglaublich, was damals alles noch Zukunft war. Und dann ist es passiert und das heißt ja, vorbeigegangen, und schon war es Vergangenheit.

Der Staatsvertrag zum Beispiel. Also den bekamen wir doch etwas früher als von Pessimisten befürchtet. Damit dauerte es nach der Premiere dieses Films nur mehr zweieinhalb Jahre. Nicht, dass der Film etwas zur Beschleunigung der Verhandlungen beigetragen hätte. Dass es dann bis zum Mai 1955 so weit kam, hat wohl weniger mit der Trinkfestigkeit der österreichischen Delegation zu tun, die noch im April davor nach Moskau fuhr (in Karikaturen, die dann in diversen Zeitungen erschienen, wurde das gern so dargestellt), sondern eher mit recht realpolitisch motivierten Überlegungen der sowjetischen Diplomatie.

Wie dem auch sei, am 15. Mai '55 war es endlich so weit. Der Vertrag wurde im Schloss Belvedere unterzeichnet. Und dann trat Figl hinaus auf den Balkon und rief: Österreich ist frei! Und dann läuteten, dafür bin ich Ohrenzeuge, alle Kirchenglocken.

Dann war für ein paar Monate Feierstimmung in Österreich. Sogar bei meinen Großeltern in der Hasengasse war die patriotische Herzerhebung spürbar, die das Land nun erfasst hatte. Ich erinnere mich an zwei Tage im Herbst, an denen fast die ganze große Familie samt einer Schar von Nachbarn aus allen vier Stockwerken vor dem Fernseher saß, der auf Initiative von Onkel Willi angeschafft worden war (Onkel Willi, dessen Leidenschaft für Rundfunkempfangsgeräte nun ein neues Objekt der Begierde gefunden hatte). Da saßen also gut zwanzig Personen vor dem schwarzweiß flimmernden Fernseher (da es nicht genug Sessel für alle gab, hatten einige der Nachbarn ihre eigenen mitgebracht) und sahen an einem Tag *König Ottokars Glück und Ende* aus dem damit neu eröffneten Wiener Burgtheater und am anderen *Fidelio* aus der neu eröffneten Staatsoper – erstaunlich, wie andächtig alle schauten und lauschten, Leute, die man sonst kaum mit Grillparzers Worten oder Beethovens Musik hätte locken können (eher, glaube ich, hätte man sie damit jagen können), doch diese Feierstunden waren eben besondere Anlässe.

Aber das lag im Jahr 1952 noch in der Zukunft. Wie vieles andere, das noch kommen sollte. Und bis zum Jahr 2000, dem Jahr, das in jenem Film beschworen wurde, würde noch vieles geschehen. Gutes und Böses, Erfreuliches und Empörendes – manches davon konnten wir uns damals einfach noch nicht vorstellen.

Zum Beispiel, dass ein Hund in den Weltraum fliegt. Genau genommen handelt es sich um eine Hündin. Laika heißt sie. Ihren Namen werde ich mir merken. Im Rahmen der Mission Sputnik 2 wird sie, eingesperrt in einen von sowjetischen Ingenieuren entwickelten Raumflugkörper, in eine Umlaufbahn um die Erde geschickt werden.

Es wird Fotos von ihr in den Zeitungen geben. In meiner

Erinnerung sind sie unscharf, von oben herab fotografiert. Ihre Haltung, als fühlte sie sich in die Enge getrieben. Den Ausdruck ihrer Augen kann ich auf den auf Zeitungspapier gedruckten Fotos nicht wirklich erkennen.

Aber ich bilde mir ein, diesen Ausdruck zu spüren. Und das tut weh. Auch heute noch, wenn ich daran denke. Ihre Rückkehr zur Erde, lese ich, war nicht vorgesehen. Ich kann mich nicht erinnern, dass das damals in den Zeitungsmeldungen oder in den Radio- und Fernsehnachrichten erwähnt wurde.

Damals. Das war im Jahr 1957. Da bin ich vierzehn und muss gerade zum zweiten Mal eine Klasse der Realschulunterstufe wiederholen. Dass es mir in der Realschule so schlecht gehen wird, wer hätte das gedacht. Doch der Umzug aus der Wohnung im dritten Bezirk in die Wohnung im fünften Bezirk, die meine Eltern, weil sie dort ausgebombt waren, zu günstigen Bedingungen bekamen, eine Eigentumswohnung in einem mit den Mitteln des Wiederaufbaufonds neu errichteten Haus, hat mir nicht gut getan.

Ich bin kein Kind mehr. Aber leider bin ich auch lang noch kein Erwachsener. Ich fühle mich nicht wohl in meiner Haut, ich habe Pickel im Gesicht, wenn ich mich im Spiegel sehe, gefalle ich mir nicht. Ein Lebensgefühl, das ich in meinen ersten neun Jahren nicht gekannt habe. Wenn ich aus dem Fenster schaue, sehe ich vis-à-vis nur eine graue Fassade, auf dem Fensterbrett, auf das ich mich mit den Ellbogen stütze, sitzt keine Katze.

Die Hündin Laika aber kreist trostlos im Weltraum. Laika, lese ich, heißt auf Russisch Kläffer. Für den Fall, dass man ein weibliches Geschöpf damit bezeichnet, wohl Kläffer*in*. Die druckregulierte Kabine von Sputnik 2, lese ich, bot genug Raum, dass Laika stehen oder liegen konnte, sie war mit einem Korsett und einem Beutel für Fäkalien versehen und Elektroden zur Messung der Vitalfunktionen.

Wie lang hat sie wohl in der Raumkapsel noch gekläfft und geheult, bis sie resigniert hat? Here I am sitting in a tin can / fare above the world, wird David Bowie später in der Rolle des Astronauten Major Tom singen, der mit seinem Raumschiff im All verloren geht.

Planet earth is blue, wird er singen, and there's nothing I can do. Major Tom ist eine fiktive Figur, die Hündin Laika war echt.

Warum bin ich später, als ich unversehens unter die Liedermacher geraten war, nicht auf den Gedanken gekommen, ein Lied über Laika zu schreiben? Oder *bin* ich auf diesen Gedanken gekommen, habe aber eine gewisse Scheu davor gehabt, ihn zu verwirklichen? Fast möchte ich schreiben: eine *heilige* Scheu. Ja. Vielleicht war es so. Aber ich bin mir nicht ganz sicher.

Dass dann Menschen auf dem Mond gelandet sein sollen, hat mich weit weniger berührt. In den aufgeblasenen Raumanzügen haben sie nicht wie Menschen ausgesehen, sondern wie Roboter. Die schemenhaften Bewegungen bei der Direktübertragung im Fernsehen, der vorerst kaum verständliche Satz mit dem kleinen Schritt für den Astronauten Armstrong und dem großen Sprung für die Menschheit. Dieser Satz, den wir dann bis zum Überdruss hören müssen, obwohl ihn der arme Mann unter den ungewohnten Schwerkraftverhältnissen fast verstolpert hat.

Ein Tag im Juli 1969 – ich weiß nicht einmal, wo wir damals waren, Sonja und ich. Wahrscheinlich ganz einfach zu Hause in der Inzersdorferstraße. Vorzimmer, Küche, ein kleines und ein großes Zimmer, Schrankraum. Eine nette Wohnung für ein junges Paar, was will man mehr?

Durch das Fenster im kleinen Zimmer sieht man in den Hof, in dem einiges verboten ist. Den Rasen zu betreten, zu lärmen und zu musizieren, zu betteln und zu hausieren. *Wir wohnen halt in einem saubern Komplex,* werde ich schreiben und singen, aber wir sind ein alternatives junges Ehepaar, wir leisten noch Widerstand. Wir freuen uns aneinander und müssen nicht jeden Abend fernsehen; vom Balkon im großen Zimmer schauen wir vorläufig weit über die Troststraße hinaus; beim Anblick des Mondes fallen uns eher die geflügelten Worte von Matthias Claudius ein als die des Astronauten.

Unser Fenster in New Orleans, Blick auf die Governor Nichols Street. Das ist eine Straße am nordöstlichen Rand des French Quarters. Nicht die touristische Gegend – der Trubellärm von der Bourbon Street dringt kaum bis hierher. Vor dem Fenster ein Balkon mit einem schmiedeeisernen Gitter.

So schmal ist dieser Balkon, dass kaum zwei Sessel darauf Platz haben. Aber wir haben es geschafft, nicht nur sie zwischen die Hauswand und das Gitter zu zwängen, sondern auch das kleine Marmortischchen, das sonst drinnen im Zimmer unter dem Ventilator steht. Jetzt sitzen wir hier und trinken Dosenbier. Die beiden Geckos an der Mauer rühren sich kaum, am Abend nach unserer Ankunft haben wir vorerst geglaubt, sie sind aus Terrakotta, aber sie sind echt.

Seit fast zwei Monaten sind Eva und ich nun schon hier. Sie sammelt Tonmaterial für eine Radiosendung über diese Stadt, ich arbeite an meinem Roman Schwarzer Peter.

So your protagonist is the son of an American soldier, hat mich Joe Logsdon, unser freundlicher Quartiergeber, gefragt.

Ja, habe ich geantwortet, sein Vater war ein amerikanischer Soldat, aber seine Mutter war eine Wiener Straßenbahnschaffnerin.

Der Schwarze Peter, mein etwas jüngerer, etwas dunkler pigmentierter Bruder. Gezeugt, wenn er gewissen Andeutungen seiner Mama Glauben schenkt, auf einer schrägen Wiese am Donaukanal. Aber dann, ungefähr dreißig Jahre später, kommt er hierher, an den Mississippi.

To find his father?

Ich weiß noch nicht, habe ich gesagt. Wir werden sehen.

Es ist womöglich gar nicht so sehr sein Vater, den er sucht. Jedenfalls nicht nur. Was er hier sucht, ist vielleicht auch etwas anderes. Sie können sich vorstellen, dass er als Black Austrian gewisse Probleme hat. Aber sein Gefühl, unter seinen Landsleuten nicht ganz zu Hause zu sein, ist möglicherweise nicht nur eine Frage der von der Norm abweichenden Hautfarbe.

Übrigens macht der Schwarze Peter Musik. Black Peter, habe ich zu Joe Logsdon gesagt, is a piano player. Und er spielt durchaus gern Musik, die in Wien ihre Wurzeln hat (besonders gern die Sonaten von Schubert). Aber mit zunehmendem Alter kommen ihm immer mehr Blue Notes dazwischen.

Sounds good, hat Joe Logsdon gesagt. I guess, I would like this book.

Das freut mich, habe ich gesagt, aber ich muss es erst fertig schreiben. Das kann noch dauern, ich bin kein Autor, der so ein Buch in ein paar Wochen oder Monaten hinwirft. He's a virgo, hat Eva gesagt, er dreht jeden Satz drei Mal um, bevor er ihn stehen lässt.

Und jetzt sitzen wir also auf diesem Balkon, ich habe mein Notizbuch auf dem Tisch liegen und warte, dass mir vielleicht noch ein guter Satz einfällt. Eva hat ihr Mikrofon eingeschaltet und lauscht in die Nacht. Es muss schon spät sein, denn es ist sehr still, bis auf das rund um die Uhr nicht ruhende Surren der Klimaanlagen. Ab und zu schreit eine Zikade wie ein plötzlich angeworfener Rasenmäher; vom Mississippi her hört man hier und da eine Schiffssirene.

IX

ICH LEHNE am Fenster; die Katze sitzt neben mir auf dem Fensterbrett. In großen, zu Boden taumelnden Flocken schneit es. Ende November oder Anfang Dezember – die Winter kommen in jenen Jahren noch früh. Wir sind wieder (oder nach wie vor) im Jahr 1952.

Unten, auf dem immer noch freien Platz Richtung Erdbergstraße, haben die Buben eine Strecke Eis freigelegt. Eine Rutschbahn – auf ein, zwei Metern davor holen sie sich Schwung. Dann rutschen sie, in der Haltung, in der ihre Enkel mit dem Skatebord fahren werden. Der Schneemann daneben grinst mit schlechten Zähnen aus zerbröselter Kohle.

Friedi mit roten Fäustlingen an den Pfoten. Laut lacht sie mit Robert aus dem Rabenhof. Oder mit Richard aus dem Rüdenhof. Ab und zu hascht Murli nach einer Schneeflocke.

Die Tauben auf dem Dach des *Capitol-Kinos* frieren, manche plustern sich auf, manche machen sich ganz klein. Dem Kino gegenüber ist die Konditorei *Matzinger,* neben der Tür hängt ein blauer Kaugummiautomat. Wenn du eine Fünfzig-Groschen-Münze einwirfst und der Mechanismus nicht klemmt, rollt eine Kaugummikugel heraus. Wenn du Glück hast, bekommst du zusätzlich irgendein kleines Geschenk aus Kunststoff.

Ich *habe* Glück gehabt und einen Kompass bekommen. Ja, tatsächlich, einen richtigen Kompass! Sieht auf den ersten Blick aus wie ein banales gelbes Döschen mit einem durchsichtigen Deckel. Aber darunter zittert eine Magnetnadel.

Die hilft mir nun zur besseren Orientierung. Vor mir, Richtung Erdbergstraße, ist Norden, hinter mir, Richtung Landstraßer Hauptstraße, ist Süden, links geht es nach Westen, rechts geht es nach Osten. Mehr oder minder. Wenn ich der Magnetnadel glauben will. Manchmal spiele ich mit mir selbst ein Spiel, in dem ich mir vorstelle, dass ich nicht am Fenster stehe, sondern unten auf der Straße in eine dieser Richtungen gehe.

Ginge ich beispielsweise nach Osten, so käme ich, an der Lustgasse vorbei, zum Kardinal-Nagl-Platz mit dem Beserlpark. Dann durch das sogenannte *Ratzenstadel*, ein paar hundert Meter Rest des noch dörflichen Erdberg, mit gedrungenen, sozusagen hockenden Häusern. Das ist immer noch die Hainburger Straße, aber jenseits der Schlachthausgasse ist sie zu Ende oder verliert sich irgendwo in der Gegend, *die Erdberger Mais* genannt wird, was immer das heißt – eine Gegend mit langen blaugrünen Salatfeldern und matt irisierenden Glashäusern, die mir stets ein bisschen unwirklich vorkommt, auch wenn ich wirklich dort bin. Früher jedoch, das hat uns der Lehrer Gatterer in den Schulstunden erzählt, die im Jahr 1952 oder 1953 noch *Heimatkunde* heißen, hat die Hainburger Straße tatsächlich bis nach Hainburg geführt – eine ockergelbe Landstraße, die ich mir mit Wasserfarben ausmale.

Auf meinem Aquarell fahren da noch Pferdefuhrwerke,

eins davon könnte mich mitnehmen. Bis eben nach Hainburg, dieser teilweise noch ummauerten Stadt mit der Burg auf dem Schlossberg und den mittelalterlichen Toren. Der Lehrer hat eine Ansichtskarte herumgereicht, auf der diese Tore zu sehen sind, beim Wienertor geht es hinein und beim Ungartor wieder hinaus. Früher ging es dort wirklich weiter nach Ungarn, doch jetzt ist die Straße, die weiter nach Osten führt, kaum mehr befahren, denn bald nach Hainburg stößt man an den Eisernen Vorhang.

Der Eiserne Vorhang: Bevor ich in die Schule kam, stellte ich mir darunter eine Barriere aus Metallstäben vor, wahrscheinlich rostigen Metallstäben, die aus einem traurigen Himmel hing. Dann hatte ich den eisernen Vorhang vor Augen, den es im Bürgertheater gab, wo ich mit meinen Eltern eine Operette gesehen hatte. Der war mit rosigen Blumengirlanden bemalt, doch an den Rändern sah man das kalte Metall darunter. Inzwischen, mit acht oder neun, hatte ich vom eisernen Vorhang, der den sogenannten Ostblock von uns trennte, schon eine wirklichkeitsnähere Vorstellung.

Ein Zaun aus grimmig abweisendem Stacheldraht, mit Wachtürmen dahinter. Mit in der in der Erde vergrabenen Minen, die unter den Füßen von Menschen, die sich dem Zaun zu nähern versuchten, explodierten. Explodierten diese Minen auch unter den Pfoten oder Hufen von Tieren? Darüber wollte ich lieber gar nicht länger nachdenken.

In meinen Phantasiespielen überwand ich diese Barriere im Flug. Flog, wie im Traum , also etwas über Baumkronenhöhe, über Ungarn, ein Land, das ich mir trotz allem schön vorstellte, weil es das Sehnsuchtsland meiner Mutter war. Über das Gut in Stuhlweißenburg, über weite Wiesen mit

Pferden, deren Mähnen im Wind wehten. Und über die daran grenzenden Eichenwälder voll Rehen, Hirschen, leidenschaftlich jagenden Gutsherren und Wildschweinen.

Und weiter im Osten des Landes kam die Puszta. Eine endlose Ebene mit malerischen Ziehbrunnen, in der Hirten mit großen Hüten und weiten Mänteln Schafherden weideten. Am Tag stach die Sonne, und am Abend stachen die Mücken. Aber da lagerte man um Lagerfeuer, und in buntes Räuberzivil gekleidete Zigeuner geigten mitreißende Weisen.

Von dem Ungarn, das damals graue Gegenwart war, hatte ich noch kaum eine Idee. Erst ein paar Jahre später, als die Menschen von dort drüben in Scharen nach Österreich flohen, sollte mein Ungarnbild realistischer werden. Mein ganzes Weltbild wurde da realistischer, die ersten zwei Klassen der Realschule waren ein Albtraum. Jetzt aber gehe ich noch in die Volksschule, und bei allem, was ich über mein Alter hinaus ahne, bei all meinem Hang zur Nachdenklichkeit, ist meine Vorstellungswelt (meine Vorstellung von der Welt) noch etwas naiver.

Nach Ungarn kommt, glaube ich, Rumänien, das Land, in dem die Donau ein Delta bildet und sich im Schwarzen Meer verliert. Danach allerdings bin ich meiner Geografiekenntnisse, die für einen Volksschüler ohnehin beachtlich sind, nicht mehr so sicher. Weiter im Osten oder auch weiter im Norden ist Russland, und dort muss irgendwo Stalingrad sein. Doch Stalin, der Stählerne, nach dem diese Stadt benannt ist, wohnt lieber in Moskau, wo es ihm zu Ehren einen Roten Platz gibt.

Stalins Bild ist mir vertraut, ich habe es oft in Wien gesehen. Auf Plakaten und Transparenten nicht nur im zehnten Bezirk, an der Fassade der *Goerz*-Fabrik zum Beispiel, sondern, wenn ich mich recht erinnere, auch im ersten Bezirk, auf dem Heldenplatz. Ein großer Kopf mit noch vollem, wenn auch wahrscheinlich schon etwas angegrautem Haar und einem gewaltigen Schnauzbart. Wahrscheinlich hängt im Kreml noch ein viel größeres Stalinporträt.

Doch nach der Kremlmauer geht das Land, das Stalin beherrscht, immer noch weiter und weiter. Eine riesige grüne Landmasse, auch auf der Karte im Atlas, im Maßstab eins zu ich weiß nicht mehr wie viel Hunderttausend, kaum überblickbar. Mächtige Flüsse, riesige Wälder, Städte mit unaussprechlichen Namen. Da kehre ich lieber um und fliege heimwärts.

Inzwischen hat sich die Katze schon wieder weit aufs Sims hinausgewagt. Und das ist glatt, bei diesen Witterungsverhältnissen. Es schneit nicht mehr, sondern regnet leise, Sims und Fensterbrett sind mit einer dünnen Schicht Eis überzogen. Murli!, möchte ich sagen, doch ich besinne mich noch im selben Moment, gebe mir Mühe, meine Stimme nicht heftig klingen zu lassen, um meine Katzenschwester nicht zu erschrecken – also: Murli (ohne Rufzeichen), komm zurück!

Und Gott sei Dank folgt sie mir, setzt behutsam Pfote vor Pfote. Kommt nur einmal, einen Sekundenbruchteil bevor ich sie in Empfang nehmen kann, ein wenig ins Rutschen. Dann aber schmiegt sich ihr eigenwilliger Kopf kräftig in meine Hand, und sie schnurrt vertraulich. Schon gut, schnurrt sie, ruhig Blut, ich bin ja bei dir.

Und diese Katze hat Murr geheißen?, fragt die Frau S.

Nein, sage ich, Murli hat sie geheißen, weil sie so schwarz war.

Aber irgendwo hab ich gelesen, dass Sie eine Katze – oder war das ein Kater? – namens Murr gehabt haben.

Das war nicht ich, sage ich, das war E.T.A. Hoffmann.

Schon wieder nicht Sie!, sagt die Frau S. Sie wollen es nie gewesen sein!

Tut mir leid, sage ich, wenn ich Sie enttäuschen muss. Aber der Kater Murr, der ja eine gewisse Berühmtheit erlangt hat, war Hoffmanns Kater. Allerdings haben Eva und ich einen Kater namens Hoffmann gehabt.

Ah ja!, sagt die Frau S. Jetzt fällt es mir wieder ein. Ich glaube, da war sogar ein Bild von Ihnen und diesem Kater in der Zeitung. So ein großer, roter Kater, hab ich recht? Das ist schon ein paar Jahre her, damals war Ihr Bart noch etwas dunkler.

Der rote Hoffmann. Ungefähr vierzig Jahre nach Murli, der Schwarzen. Der Katze, die mich durch die prägenden Jahre meiner Kindheit begleitet hat. *Er* war ein Begleiter meiner reiferen Jahre. Vieler Jahre. Denn er ist sehr alt geworden.

Damals, als er in unserem Leben auftauchte, war er noch sehr jung. Wir schätzten ihn auf drei oder höchstens vier Monate. Und alt geworden wäre er dort, wo wir ihn auflasen, wohl kaum. Dazu überquerte er zu oft die befahrene Straße.

Das sahen wir morgens, als wir beim Frühstück saßen. An einem Fenster des Gasthofs, in dem wir übernachtet hatten. Auf der anderen Seite der Straße war ein Plankenzaun. Aus dem Spalt zwischen diesem Zaun und dem Gehsteig, zwischen den blühenden Unkräutern, die dort wuchsen, tauchte er hervor, sah sich kurz um und lief ohne besondere Eile über die Fahrbahn.

Schau, Papa, rief Miriam, schau doch, die kleine Katze! Ist sie nicht lieb? Meine Tochter war damals sieben oder acht. Auch Eva, mit der wir unterwegs waren, fand die kleine Katze lieb. Dass die Katze ein Kater war, sahen wir nicht auf den ersten Blick.

Wir standen vom Frühstück auf und traten ins Freie. Die kleine Katze saß unter einem der vor dem Gasthof geparkten Autos. Miriam lockte sie mit einem Grashalm. Die Katze haschte danach mit possierlichen Pfoten.

Dann kam sie unter dem Auto hervor und ließ eine Weile mit sich spielen. Ich glaube, sie ließ sich auch ein wenig streicheln. Abrupt aber hatte sie genug und kehrte uns den Rücken. Mit hoch erhobenem Schwanz. Das ist ein Männchen, stellte ich fest.

Dann holten wir unser Gepäck, es war ja der Morgen unserer Abfahrt. Da lief der Kater schon wieder über die Straße. Um den Verkehr kümmerte er sich wenig bis gar nicht. Muz, Muz!, lockte Miriam. Ich war mir nicht sicher, ob das gut war.

Bis wir alles im Gepäcksraum von Evas Auto verstaut hatten, wechselte der Kerl noch zwei oder drei Mal die Straßenseite. Ich hatte, ehrlich gesagt, Angst, dass er noch vor unseren Augen überfahren würde. Er sollte lieber dort drüben bleiben, sagte ich zu Miriam. Hinter dem Plankenzaun ist wahrscheinlich ein schöner Garten.

Nein, sagte der Wirt, dort ist nur ein Lagerplatz.

Warum stand der Mann noch hier herum, statt in sein

Gasthaus zurückzukehren und sich um andere Gäste zu kümmern? Wir hatten uns doch schon von ihm verabschiedet, oder?

Ein Lagerplatz, sagte er, mit nix als altem Graffelwerk.

Können wir den Kater nicht mitnehmen?, fragte Miriam.

Aber das geht doch nicht, sagte ich. Der gehört doch jemandem!

Ah was, sagte der Wirt. Die Katzen da bei uns gehören niemand. Und dann (mit entwaffnender Feinfühligkeit): Bei uns hamma Katzen zum Saufüttern!

In diesem Moment rast ein Einsatzfahrzeug vorbei. Mit blinkendem Blaulicht. Ist es die Polizei oder die Rettung? Gott sei Dank ist der Kater danach noch heil. Okay, sage ich, dann nehmen wir ihn mit. Aber schnell.

Aber wieso hat dieser Kater dann Hoffmann geheißen, fragt die Frau S.

Also das war so, hebe ich an, aber in diesem Moment klingelt mein Handy. Und es ist Miriam, die anruft, meine inzwischen schon sehr erwachsene Tochter.

Hallo, Miri, sage ich. Gerade war von dir die Rede.

Und sie fragt mich, wie es mir geht, und ich sage ihr, dass es mir ganz gut geht.

Machst du Bewegung, fragt sie.

Ja, sage ich, jeden Tag mache ich ein paar Schritte mehr.

Das ist gut, sagt sie. Das hör ich gern. Und wie geht es dir mit dem Schreiben?

Auch nicht schlecht, sage ich. Seit ein paar Wochen schreibe ich an so etwas wie einer Autobiografie.

Ist das Ihr Ernst, fragt die Frau S., nachdem ich das Gespräch mit meiner Tochter beendet habe, Sie schreiben wirklich Ihre Memoiren?

Mein bitterer Ernst, sage ich. Sie kommen übrigens auch darin vor.

Passen Sie auf!, sagt die Frau S., Passen Sie nur ja auf! Wenn Sie mir etwas zuschreiben, was ich nicht gesagt oder getan habe, bekommen Sie Lokalverbot!

X

ENDLICH IST das Telefon angeschlossen worden, auf das mein Vater schon ungeduldig gewartet hat. Bisher ist er zur Telefonzelle in der Erdbergstraße gelaufen, wenn er telefonieren wollte. Aber vor ein paar Monaten hat er darüber zu klagen begonnen, dass es so nicht weitergeht. Es geht ja nicht nur darum, die Leute, denen er seine Fotos verkaufen will, zu erreichen, sondern auch darum, rasch erreichbar zu sein.

Schon wahr, in den ersten Jahren nach dem Krieg war ein privater Telefonanschluss etwas Seltenes. Aber inzwischen haben die meisten Kollegen ein Telefon. Da kann er noch so fix sein und noch so gute Bilder machen. Wenn die anderen, auch wenn sie vielleicht nicht ganz so gute Bilder liefern, leichter erreichbar sind, bekommen sie die Aufträge.

Und nun ist es endlich da, das Telefon. Es steht in der Küche, auf dem Blumentisch, der seinen Platz früher beim Fenster gehabt hat, doch jetzt haben ihn meine Eltern neben die Tür zum Labor gerückt, aus dem der Papa dann, wenn es klingelt, meistens hervorschnellt wie ein Springteufel. Aber manchmal ist das nicht möglich, weil er gerade in einer Phase der Fotoausarbeitung ist, in der es in der Dunkelkammer ganz dunkel sein muss, sodass er nicht einfach die Tür aufreißen kann. Und natürlich ist er nicht immer da, sondern häufig auf Reportage, wie er das nennt, also unterwegs, dann müssen eben wir einspringen.

Meine Mutter oder fallweise auch ich. Wenn wir dann abheben, sollen wir aber nicht einfach Hallo sagen, sondern uns auf eine Art melden, die möglichst professionell klingt. Nämlich so: Wienerpressefotohenischaktuellebildberichterstattung! Damals war ich recht stolz darauf, das so perfekt hinzukriegen, dass ich manchmal für eine Sekretärin gehalten wurde.

Meine Mutter hingegen will nicht für eine Sekretärin gehalten werden. Ich bin die Geschäftspartnerin, sagt sie gern – worum geht es? Und das ist beinah wahr, sie ist ja während meiner Volksschulzeit keineswegs nur Hausfrau (eine Tätigkeit, die sie erst Jahre später, in einer Phase schwindenden Eifers und nahender Resignation, als Beruf in ihren Pass eintragen lässt). Nicht nur, dass sie die manchmal recht körnigen Schwarzweißfotos meines Vaters retuschiert und sich dabei die Augen verdirbt, nicht nur, dass sie seine Steuererklärungen macht, weil er so etwas einfach nicht schafft, und gegebenenfalls, schön frisiert und geschminkt, aufs Finanzamt läuft, um eine Stundung fälliger Zahlungen zu erwirken – jetzt, da man mich nach und nach schon ohne allzu viel schlechtes Gewissen für ein paar Stunden allein lassen kann, begleitet sie ihn immer häufiger auf Reportagen, und manche von den Bildern, die dann unter dem Namen Walter Henisch in Zeitungen erscheinen, sind, wenn man sie fragt, eigentlich von ihr.

Und das hat sie ja, sagt sie, auch gelernt. Sie hat ein paar Jahre in einem Fotogeschäft auf der Mariahilfer Straße gearbeitet. *Foto Zahradnik*, Fotoartikel und Porträtaufnahmen. Aber auch Hochzeitsfotos, Babys auf dem Eisbärenfell, treuherzig blickende Hunde und dergleichen.

Das war eine Stelle, die mir der Walter verschafft hat,

bald, nachdem wir uns kennengelernt haben. Erzählt sie am Telefon, ich weiß nicht mehr, wem. Die Chefin, die Frau Zahradnik, hat mich gerngehabt – Roserl, hat sie gesagt, du solltest die Gesellenprüfung ablegen. Doch dann war schon Krieg, und alles ist durcheinandergekommen …

Und dann, um Weihnachten '42, hat mein Vater für ein paar Tage Urlaub gehabt. Und für diese paar Tage und Nächte haben sie versucht, alles rundherum auszublenden. Stimmt schon, wir sind auch ein bisschen spazieren gegangen, sagt sie. Aber die meiste Zeit haben sie in der kleinen Wohnung in der Gassergasse verbracht, ihrem *Nestchen* im Haus Nr. 27, das dann im Jahr 1944 ratzekahl weggebombt wurde.

Und dann hat der Walter eben nach Russland zurückmüssen. Aber er hat das Beste für sich daraus gemacht und Fotos geschossen, auf die er – einmal ganz abgesehen davon, sagt er, dass der Krieg immer dreckiger war und natürlich viele fürchterliche Sachen geschehen sind, aber daran hätte sich nichts geändert, wenn ich nicht fotografiert hätte, oder? – Fotos, auf die er heute noch stolz ist. Bei ihr jedoch, seiner tapferen kleinen Frau, ist die Regel ausgeblieben, und sie ist zum Frauenarzt gegangen. Und der hat ihr gratuliert, Sie werden Mutter, hat er gesagt, Heil Hitler.

So war das eben, sagt sie. Doch die Gesellenprüfung könnte sie nachholen. Ja, sagt sie in den Telefonhörer hinein, vielleicht sollte ich das tun. Wenn der Peter ein bisschen größer ist. Oder? Was meinst du? Ich bin ja noch jung, sagt sie.

Was meinst du? – Ich weiß nicht, wen sie das damals gefragt hat. Aber seit wir das Telefon haben, führt sie manchmal solche Gespräche. Natürlich nur, wenn mein Vater nicht da ist. Gewiss soll auch ich da nicht mithören, aber es kann sein, dass ich aus dem Zimmer mit dem Erkerfenster komme, um irgendetwas aus dem Kabinett zu holen – ein Buch oder einen Zeichenblock oder auch eins meiner Schulhefte, denn Hausübungen schreiben muss ich ja ab und zu auch –, und dann im Vorzimmer, kurz vor der Küchentür, stehen bleibe und lausche.

In der Schule sollen wir einen Aufsatz zum Thema *Was ich einmal werden möchte* schreiben. Das fällt mir eigenartiger Weise nicht leicht. Sonst bin ich beim Aufsatzschreiben immer der Schnellste, schreibe am meisten. Diesmal bin ich unschlüssig, sitze noch immer vor der bis auf die Überschrift leeren Seite meines Schulübungsheftes, kaue an meinem Federstiel.

Na, sagt der Lehrer, was ist denn los mit dir? Zu diesem Thema hast du doch sicher schon eine Idee. Gerade du, sagt er und lächelt ermutigend. Schreib einfach hin, was dir zuallererst einfällt.

Dann geht er weiter, setzt seine Runde durch die Klasse fort. Kümmert sich auch ein wenig um andere Schüler. Aber er wird zu mir zurückkommen, das weiß ich. Und ich frage mich, was er von mir erwartet.

Und ob ich wirklich tun soll, was er gesagt hat. Es einfach hinschreiben. Aber bitte, wenn er glaubt … *Auf die Frage*, schreibe ich, *was ich einmal werden möchte, fällt mir zuallererst die Antwort KATZE ein … Ja. Ich würde gern eine Katze sein.*

Und dann spüre ich, wie mir der Lehrer Gatterer, der für mich immer noch aussieht wie Doktor Dolittle, erneut über die Schulter schaut. Und wie er sich räuspert – oder ist das ein kurzes, heiseres Lachen? Und er beugt sich über mich und flüstert mir etwas ins Ohr: Nein, Peter, das geht nicht! Katze ist kein Beruf!

Und nach diesem diskreten, mir ganz persönlich gegebenen Hinweis, richtet er sich wieder auf. Und tut so, als ob er zur ganzen Klasse spräche. Ihr sollt euch natürlich etwas einfallen lassen, was ein richtiger Beruf ist. Etwas, wovon ihr vielleicht einmal leben könnt.

Schade, denke ich. Aber wenn der Lehrer Gatterer meinen Wunsch, Katze zu werden, nicht gelten lassen will … Dann muss ich halt wirklich die Katze aus dem Sack lassen … Und schreibe somit: *Ich möchte Schriftsteller werden. Ich möchte etwas erleben und dann darüber schreiben.*

So also stellte ich mir das damals vor. Das Modell des Schriftstellers, das ich vor meinem geistigen Auge hatte, war Karl May. Dem war ich nämlich als Leser schon heftig verfallen. Im Alter von neun hatte ich sicher schon zehn Karl-May-Bände.

Einen davon, den ich besonders in Ehren hielt, obwohl sein Rücken neben denen der anderen, neueren, verblasst und matt aussah, hatte ich eines Nachmittags im Bücherregal meines Vaters entdeckt. Zufällig. Ich suchte nämlich, um ehrlich zu sein, etwas anderes. Ein Buch mit dem Titel *Dein Ja zum Leibe*, in dem ich ab und zu ganz gern blätterte. Das war ein Buch mit Fotos von nackten Menschen, die zwar sehr unerotisch und in zum Teil urkomischen Zusammenhängen fotografiert waren, zum Beispiel beim Bergsteigen und sogar beim Schifahren, aber es hatte trotzdem eine gewisse Anziehungskraft für mich, und wenn ich allein im großen Zimmer war, griff ich eben manchmal danach.

Aber an diesem Nachmittag war es weg. Vielleicht hatte ich es ein paar Tage vorher etwas nachlässig an seinen Platz zurückgestellt, sodass meine Eltern bemerkt hatten, dass ich meine Finger daran gehabt hatte. Und vielleicht war ihnen dann eingefallen, dass das denn doch noch nichts für mich sei, und sie hatten es irgendwo anders hingestellt, außer Reichweite für mich. Was allerdings lächerlich scheint, wenn man bedenkt, dass bei uns im Vorzimmer Papas Aktbilder hingen, und dass man auch sonst nicht zu viel vor mir verbarg – doch womöglich hatte die Tatsache, dass dieses dumme FKK-Buch nun nicht mehr da stand, wo es sonst gestanden war, gar nichts mit mir zu tun.

Eigentlich war es ohnehin ziemlich langweilig. Während das Buch, das ich gar nicht gesucht hatte, aber bei dieser Gelegenheit fand, sehr spannend war. Ein Buch mit verblasstem, dunkelgrünem Rücken und einem ganz dunklen Bild auf der Titelseite: *Durch die Wüste*. Die Dunkelheit ist kein Wunder, denn es ist Nacht unter dem Wüstenhimmel.

Erst bei näherem Hinsehen erkenne ich Sterne. Darunter reiten zwei orientalisch gekleidete Männer auf schwarzen Pferden, zwei, die ich noch nicht kenne, aber die mir dann bald sehr vertraut sein werden. Und ich lese und lese, obwohl mir das Entziffern der alten Druckschrift in dieser Ausgabe anfangs noch Probleme macht. Und reite mit Kara Ben Nemsi und seinem treuen Begleiter Hadschi Halef Omar durchs Wadi Tarfaui und dann über den Schott el Dscherid und weiter und immer weiter.

Aber war das nicht *Old Surehand*, fragt mich die junge Frau mit dem Mikro.

Wie bitte?

Old Surehand. Der erste Karl-May-Band, den Sie im Bücherregal Ihres Vaters entdeckt haben.

Woher wollen Sie denn das wissen?, frage ich.

Aus einem Interview, sagt sie. Aus einem Interview, das Sie vor ein paar Jahren gegeben haben – ich hab das im Radio gehört, das war zum hundertsten Todestag von Karl May.

Ärgerlich, denke ich. Wieso redet sie mir drein? Wie kommt sie dazu? Wer glaubt sie denn, wer sie ist? Ich bin schon drauf und dran, sie das zu fragen. Andererseits will ich sie nicht verscheuchen, es gefällt mir ja, dass sie ab und zu erscheint.

Auch wenn sie mir manchmal auf die Nerven geht. Mit ihrer Fragerei und Nachfragerei. Wie war das? *War* das so? War das *wirklich* so? Sie bestätigt mich. Animiert mich. Sie fragt mich, also bin ich.

Das ist ja schön, sage ich also, dass Sie sich so gut mit mir auskennen. Aber ist es nicht egal, ob meine erste Begegnung mit Karl May durch Kara Ben Nemsi und Hadschi Halef Omar vermittelt war oder durch Old Shatterhand und Winnetou? Tatsache ist, dass die Phantasiewelten, die sich da auftaten, suggestiv auf mich wirkten. Und was immer der erste Karl-May-Band gewesen sein mag, der mir in die Hände geraten war, so wünschte ich mir, kaum dass ich ihn ausgelesen hatte, einen zweiten, und als ich *den* ausgelesen hatte, einen dritten und so fort.

Das kann man sich heute wahrscheinlich kaum mehr vorstellen. May ist ja inzwischen wirklich weg vom Schaufenster. Dem Vernehmen nach ziehen sich die Kids, wenn sie überhaupt noch etwas lesen, ganz andere Sachen rein. Und die Ablaufdaten der Superseller sind viel kürzer.

Damals, in den Fünfzigerjahren, war Karl May nach wie vor ein Bestsellerautor. Seine Bücher hatten drei Generationen wie nichts überstanden; dass ich in sie hineinfiel (auf ihn hereinfiel), war zu jener Zeit nichts Besonderes. Allerdings war ich, was das Alter betraf, in dem ich diesen Stoff zu inhalieren begann, vielleicht ein bisschen früh dran. Mein Großvater sagte, er habe May erst ab zwölf gelesen.

Erst noch auf Tschechisch, dann, so mit vierzehn, auf Deutsch. Da sei er schon in Wien in die Lehre gegangen. Aber zur Schule gegangen sei er noch in Tschechien. In einem böhmischen Dorf, in dem sich die Füchse gute Nacht sagten.

Das sei jedoch ein ganz nettes Dorf gewesen. Mit einer Kirche in der Mitte der Straße. Gleich neben dem Löschteich, in dem die Enten geschwommen seien. Und einer Feuerwehrkapelle, die an Sonntagen Blasmusik gespielt habe.

Als er mit seinen Eltern und seinen Geschwistern nach Wien gekommen sei, seien die Straßenbahnwaggons noch von Pferden gezogen worden. Und die Stadtbahn sei noch mit Dampfloks gefahren. Elektrifiziert wurde erst ein paar Jahre später. Manchmal, besonders bei feuchtem Wetter, habe es zwischen dem Bügel auf dem Dach des Triebwagens und dem Leitungsdraht geknistert, und ein paar Funken seien gesprungen.

Das habe ihm sehr imponiert, erzählte der Opa. Dort, wo er und seine Familie vorerst gewohnt haben, sei allerdings keine Straßenbahn gefahren. Weder die Pferdestraßenbahn noch die Elektrische. Draußen auf dem Laaerberg, bei Verwandten, die schon früher nach Wien gekommen waren, in einer Gasse, in der fast nur tschechisch geredet wurde.

Klar, sagte der Opa, wenn man zureist, in so eine große Stadt, in der man sich sonst fremd fühlt, dann sucht man zuerst die Nähe der eigenen Leut. Und damals sind ja viele von uns gekommen. Aus Böhmen, aus Mähren und aus der Slowakei. Aber für die Wiener, die schon hier geboren waren und sich deswegen besser vorgekommen sind, war das alles eins: Wir waren *die Bem*.

Ja, sagte der Opa, das war die gute, alte Zeit. Wien war ja damals noch *die Kaiserstadt*. Davon hat man draußen, bei uns, allerdings nicht viel bemerkt. Im Zentrum, da war dieses Wien halt kaisergelb, aber bei uns draußen war es ziegelrot.

Das erzählte mir der Opa beim Wandern. In etwas über tausend Meter Seehöhe. Auf einer Alm – ich habe vergessen, wie die hieß. Aber ich habe einen Höhenweg in Erinnerung, auf dem sich ein weiter Blick öffnete.

Wann war das? In den Osterferien des Jahres 1952 … oder war es schon 1953? … Und war es, wenn ich die Wetterverhältnisse bedenke, nicht eher während der Pfingstfeiertage? … Wir saßen auch zum Abendbrot noch im Freien, wir übernachteten im Heu … Untertags zogen wir die Jacken aus und verstauten sie obenauf in den Rucksäcken.

Jedenfalls muss ich ein paar Tage schulfrei gehabt haben. Aber der Großvater? Hatte er während dieser drei oder vier Tage einfach dienstfrei? Oder war er damals schon in Pension? Ja, jetzt erinnere ich mich: Man hatte ihn in Frühpension geschickt.

Danach war er in ein finsteres Loch gefallen. Depression.

Dieses Wort verwendete man damals noch nicht. Zumindest nicht in der Familie Jirku in der Hasengasse. Doch auch meine Mutter nannte diesen Zustand nicht beim Namen.

Sie hatte versucht, den Großvater aufzuheitern. Sie sei doch, sagte sie, seine Lieblingstochter. Aber auch auf ihr gutes Zureden sei er nicht aus seiner Höhle herausgekommen. Aus dem Zimmer, dessen Fenster er verhängt hatte, sodass die Lachtauben den ganzen Tag glauben mussten, es sei Nacht.

Doch dann taucht der Großvater eines schönen Tages bei uns auf. Ich sitze am Küchenfenster und lese *Durchs wilde Kurdistan*. Ich will mich nicht stören lassen, meine Mutter seufzt und geht durchs Vorzimmer zur Tür. Und jetzt höre ich ihre Stimme: Na, so was, Vater – das ist aber eine Überraschung!

Und dann sitzt er auf der Küchenbank, der Opa, und trinkt Malzkaffee. Dabei schlürft er ein bisschen, aber das macht mir bei ihm merkwürdiger Weise nichts aus. Schaut uns an, meine Mama und mich, die wir ihm vis-à-vis sitzen, schaut uns abwechselnd an, mit zwischen den Fältchen, die nun noch etwas tiefer in die Haut eingegraben erscheinen als früher, verkniffenen, wasserblauen Augen. Und braucht eine Weile, bis er zur Sache kommt, bewegt schon ein paar Mal die Lippen unter dem vom Kaffee ein bisschen gelb gefärbten Schnurrbart, um etwas zu sagen, sagt es dann *doch* noch nicht, *noch* nicht, hat aber dabei ein fast schalkhaftes Lächeln unter der Haut.

Er ist gekommen, um einen Vorschlag zu machen, sagt er endlich. Du hast doch, sagt er zu mir, demnächst ein paar Tage schulfrei, oder? Ja, sage ich. Eben, sagt er. Und da hab ich mir gedacht … Also wir zwei, du und ich, wir könnten doch einmal etwas miteinander unternehmen …

Er will ein paar Tage wandern, sagt der Opa. Und er hat überlegt, ob er da nicht jemanden mitnehmen könnte. Jemanden, der ihm dabei Gesellschaft leistet. Du bist doch jetzt schon ein großer Bub, sagt er, du kannst doch schon tüchtig marschieren – und ein paar feste Schuhe wirst du doch auch haben.

So kam es, dass der Opa und ich drei oder fast vier Tage miteinander verbrachten. Samstag, gleich nach der Schule, brachte mich meine Mutter zum Südbahnhof. Dort wartete der Großvater schon auf dem Bahnsteig. Und dann küsste mich meine Mutter, und wir winkten ihr, und von da an waren wir zu zweit.

Wir fuhren mit der Bahn bis Mürzzuschlag – oder war es Bruck? Und dann fuhren wir noch ein Stück mit dem Postautobus. Dann stiegen wir aus und gingen nur mehr zu Fuß. Ich ging neben dem Großvater her und versuchte mit ihm Schritt zu halten.

Von Samstag bis Dienstag waren wir unterwegs. Proviant hatten wir in unseren Rucksäcken. In den drei Nächten schliefen wir bei Bauern im Heu. Da wachten wir morgens mit den Hühnern auf und wanderten weiter.

Manchmal wanderten wir über den Wolken. Unten war das Murtal. Oder war es das Mürztal? Um uns herum weideten Kühe und Schafe, deren Glocken in verschiedenen Tonhöhen bimmelten. Über uns stießen Falken und Habichte ihre scharf und kühn klingenden Rufe aus.

Anfangs war der Großvater noch sehr wortkarg. Manchmal wies er mich auf seltene Blumen und Kräuter hin, die am Rand der Wege wuchsen, manchmal auf die Fährten von Tieren, die diese Wege gekreuzt hatten. Darüber hinaus aber wollte er nicht viel reden. Mir schnitt er einmal sogar fast barsch das Wort ab – wenn man so mitten in der Natur sei, sei es gescheiter, lieber zu schauen und zu horchen, statt alles zu zerplaudern.

Aber am zweiten Tag lockerte sich seine Zunge. Das war zu Mittag. In einer Dorfschenke, in der wir uns eine Jause gegönnt hatten. Beim Essen spricht man nicht – doch, an diese Regel hielt sich der Opa auch hier. Aber nachdem wir das gute Brot, den kräftigen Käse und den rauchigen Speck, den uns der Wirt auf den rohen Holztisch gestellt hatte, aufgegessen hatten, blieben wir noch eine Weile sitzen, unter einem Baum, von dem ab und zu Blüten in unsere Gläser fielen – aber uns macht das nichts aus, sagte der Opa, wir fischen sie heraus.

Ich trank Apfelsaft, aber der Opa trank Wein. Der ist nämlich gut, sagte er, so ein ehrlicher Wein schmeckt mir. Und wischte sich mit dem Handrücken über den Schnurrbart. Und dann begann er auf einmal zu erzählen.

Zuerst erzählte er, wie er die Oma kennengelernt hatte. Nämlich beim Tanzen – er als überzeugter Nichttänzer. Das war im *Tschechischen Herz,* einem Veranstaltungssaal der Favoritner Tschechen. Eigentlich sei er dort nur hingegangen, um seine Schwester zu begleiten.

Das heißt, sagte er, um auf sie aufzupassen. Damit hatte ihn die Mutter beauftragt. Was war da zu machen? Er war ja der große Bruder. So bin ich, sagte er, dumm dort herumgestanden.

So habe er halt dem *Gehupfe* zugeschaut. Er habe allerdings zugeben müssen, dass manche von den Mädeln ganz hübsch gehüpft seien. Nicht nur seine Schwester, die er nicht aus den Augen verlieren sollte. Da war auch so eine kleine *bakschierliche* (mir klingt dieses Wort im Ohr, wie es der Großvater gesagt hat, aber ich hätte nicht gedacht, dass es im Internet zu finden ist – *bakschierlich*, heißt es da: *herzig, nett anzusehen*, und dann, zitiert aus einem österreichischen Dialektlexikon: *auf natürliche Weise hübsch, doch nicht zu dünn*) – ja so war sie, deine Oma mit achtzehn, sagte der Opa, gelt, das kann man sich heute gar nicht mehr vorstellen.

Und dann war da so ein Tanz, so eine Art Ringelreihen, bei dem die Mädeln eine hinter der anderen tanzen ... Da ist sie ein paar Mal an mir vorbeigekommen ... Und hat den Kopf so schief gelegt und hat mich so angeschaut mit ihren munteren Augen ... Und ich hab mich immer noch dumm gestellt und versucht, ihrem Blick auszuweichen, aber da hat sie mich einfach an der Hand genommen, Brüderchen, komm, tanz mit mir, und da ist mir gar nichts anderes übriggeblieben, sagte der Großvater, was hätt ich dagegen tun sollen?

Ja, ungefähr das (und ungefähr so) erzählte der Opa. Und war dadurch offenbar in Schwung geraten. Denn als er unsere Zeche bezahlt hatte und wir weiterwanderten, knüpfte er daran an. Und erzählte, wie er die Oma geheiratet hatte, das habe schnell gehen müssen, denn da sei schon das erste Kind unterwegs gewesen (die älteste Schwester meiner Mutter, die als erwachsene Person ziemlich dicke und ein wenig vierschrötige Tante Steffi, die ich mir, ehrlich gesagt, kaum als Baby vorstellen konnte), aber die Oma habe bei der Hochzeit trotzdem ein weißes Kleid und sogar einen weißen Schleier getragen.

Und dann seien eben die Kinder gekommen, eins nach dem anderen. Und es war ein Glück, sagte der Opa, dass er inzwischen zum Lokführer aufgestiegen sei. Der Bub aus dem böhmischen Dorf, der in Wien als Schlosserlehrling begonnen habe. Aber bald schon habe er als Maschinenschlosser in den Werkstätten der Bahn gearbeitet, und dann habe man ihn beim Verschub eingesetzt, das war eine lebensgefährliche Beschäftigung, denn da seien immer wieder böse Unfälle passiert, aber das habe er Gott sei Dank gesund überstanden.

Danach sei er immerhin schon als Heizer gefahren. Das war kein Honiglecken, was glaubst du, ständig die Kohlen zu schaufeln und nachzulegen. Oft mit nacktem Oberkörper, weil es dich von vorn so höllisch heiß anweht. Aber an den Seiten und im Rücken spürst du die Kälte.

Doch dann war der Opa wirklich und wahrhaftig Lokomotivführer. Und damit ging vielleicht ein Bubentraum in Erfüllung. Jedenfalls war das etwas, worauf er stolz sein konnte. Dass er das geschafft hatte, dass er nun in dieser Position war und dass er damit seine von Jahr zu Jahr größer werdende Familie erhalten konnte.

Das war schon etwas, da oben auf dem Führerstand zu stehen. Und die Lokomotive in Bewegung zu setzen. Weißt du, fragte mich der Opa, wie schwer so eine Maschine ist? Tausend Kilo?, fragte ich. Da musste er laut lachen.

Und weißt du überhaupt, wie eine Lok funktioniert? –

Also da ist einmal die Dampfmaschine ... Und da ist der Kolben, und da sind die Treib- und Kuppelstangen ... Und die übertragen die Kraft, die dadurch entsteht, dass der Heizer heizt, auf die Triebräder.

Und du stehst da oben und bringst das alles in Fahrt ... Durch ein paar Handgriffe, durch ein paar *tüchtige* Handgriffe ... Du musst nicht nur wissen, wie du es machst, du musst auch kräftig zupacken ... Auf der Dampflok ist das ja nicht so wie auf der E-Lok, wo die Kollegen von heute nur mehr ein paar Knöpfe drücken müssen.

Das ist schon ein gutes Gefühl, wenn du spürst, wie das Ungetüm unter dir reagiert und vibriert. Das Dampfross, nicht? So heißt es doch bei den Indianern, über die dein Karl May schreibt. Was sagst du? Eher das *Feuer*ross? Na, meinetwegen das Feuerross! Dieser Moment, in dem die Lok unter ihm wirklich und wahrhaftig losgefahren sei, habe ihn, sagte der Großvater, und dabei klang seine Stimme ein bisschen belegt, aber vielleicht kam das einfach vom Nebel, der jetzt einfiel, gerade dieser Augenblick habe ihn immer aufs Neue mit einem tiefen Glücksgefühl erfüllt.

Natürlich habe ich mir nicht alles gemerkt, was der Opa damals erzählt hat. Und gewiss habe ich nicht alles, worauf er zu reden kam, verstanden. Vor allem, als er auf die Politik zu sprechen kam. Ich glaube, das ergab sich am nächsten Vormittag.

In der Nacht hatte es geregnet, schwere Tropfen hatten auf das Dach der Scheune getrommelt, in der wir schliefen. Aber nun glänzte die Sonne auf den erfrischten Wiesen. Da war der Opa vorerst noch guter Laune. Wir könnten was singen, sagte er – weißt du ein Lied?

Ja. sagte ich, *Das Wandern ist des Müllers Lust.* Das sangen wir dann. Und danach sangen wir *Hinaus in die Ferne.* Und dann sangen wir, glaube ich, noch *Hoch auf dem gelben Wagen.* Aber dann schlug der Opa vor, ein Lied zu singen, das ich bis dahin nicht kannte.

Wir sind jung, sang er mir vor, *die Welt ist offen.* Das sei nämlich ein Lied, das er gesungen habe, als er jung war. Oder nein, er sprach in der Mehrzahl: ein Lied, das *wir* gesungen haben. *Unsere Sehnsucht, unser Hoffen* – ja, sagte er, das haben wir auch noch gesungen, als wir gar nicht mehr so jung waren, aber uns immer noch oder nun erst recht Hoffnungen gemacht haben.

Damals nämlich, als es aus war mit der Monarchie. Dem Kaiser hat unsereins nicht nachgeweint. Stimmt schon, die Republik, das war zuerst einmal eine arme Zeit. Die Lebensmittel waren knapp, das Geld war nichts mehr wert, es ist uns schlecht gegangen. Aber wir haben gehofft und geglaubt, dass es besser wird. Und für ein paar Jahre hat es so ausgesehen, als ob dieser Wunsch in Erfüllung gehen könnte. *Aber dann* – und von hier an konnte ich dem Opa immer weniger folgen. Was *dann* passiert war, das habe ich erst später einigermaßen begriffen.

Damals konnte ich mir unter dem Schutzbund und der Heimwehr nichts Konkretes vorstellen. Oder ja, vielleicht das, dass die Heimwehrler, die der Großvater Hahnenschwanzler nannte, anscheinend Federchen an den Hüten trugen. Und dass beide bewaffnet durch die Straßen marschierten, die Parteigänger der Schwarzen, aber auch die der Roten. Und dass es schon Nazis gab, die nicht nur Telefonhütten in die Luft sprengten, sondern auch Bomben auf Eisenbahnschienen legten.

Das alles war auch im Nachhinein noch beunruhigend, und ich wollte es immer weniger hören. Ich hätte lieber wieder ein Lied gesungen. Aber der Opa hörte meinen Vorschlag gar nicht, mit immer mehr Bitterkeit in der Stimme sprach er vom kalten Februar '34, auf den sich das alles immer schneller zubewegte, wie eine Lok, der auf einer abschüssigen Strecke die Bremsen versagen. Und bis zum März '38 ging es dann noch rascher bergab, da war nichts mehr zu retten, da war alles zu spät, da hätte selbst der beste Lokführer nichts mehr machen können.

Von dem Mann, der plötzlich auf den Schienen gestanden war, erzählte der Großvater erst in der folgenden Nacht. Da lagen wir wieder im Heu, bei einem Bauern, der uns in seiner Scheune Quartier gab. Doch etwas war diesmal anders als an den zwei Abenden davor. Da hatte der Opa gefunden, dass es vor dem Einschlafen nicht mehr viel zu reden gab, und sich, als ich noch dies und das fragen oder sagen wollte, abrupt von mir weggedreht – nun aber war es er, der immer noch redete.

Von diesem Mann auf dem Gleis, der auf einmal da war. Das war spät in der Nacht. Gegen vier Uhr früh … Das ist die Stunde, zu der du am leichtesten einschläfst … Aber ich *bin* nicht eingeschlafen, sagte der Opa.

Diesen Satz sagte er mehrere Male, als wollte er ihn unterstreichen. Im Gegenteil, sagte er. Ich war sogar besonders wach … Denn draußen war Nebel, alles grau in Grau … Und das erfordert eine ganz besondere Aufmerksamkeit.

Schon wahr, er *habe* davor einen Schluck Bier getrunken. Aus einer der Flaschen, die er und der Heizer versteckt hatten. Auf der Dampflok bekomme man eben Durst. Was wissen denn die davon, die elektrisch fahren?

Nichts wissen die, sagte der Opa, die wissen doch gar nichts. Denen fehle ganz einfach diese Erfahrung. Das Bier löscht ja nicht nur den Durst, es gibt dir auch Kraft. Und die brauchst du besonders um diese Stunde.

Aber da kannst du noch so stark sein, das nützt nichts. Wenn so einer einfach auf dem Gleiskörper steht. Beinah als hätte er auf den Zug gewartet. Ja, als hätte er dort gewartet auf mich.

Etwa so redete der Großvater – redete er eigentlich zu mir? Ich schielte zu ihm hinüber, ich sah ihn ganz gut, das Dach der Scheune war an mehreren Stellen leck. Er lag auf dem Rücken und schaute zu diesem Dach hinauf. Und darüber stand der Mond – ja, ich glaube, es war Vollmond.

Vielleicht redete der Großvater gar nicht zu mir, sondern zu sich selbst. Oder zu jemandem anderen? Nein, sonst war keiner da. Draußen vibrierten die Wiesen vom Zirpen der Grillen. Dann begann irgendwo ein Hund zu heulen.

Ich schlief schließlich ein, denn ich war rechtschaffen müde. Doch es gelang mir nicht, richtig tief zu schlafen. Im Hintergrund hörte ich immer noch die Stimme des Großvaters. Und draußen heulten jetzt anscheinend *mehrere* Hunde.

Doch dann wache ich wieder auf. Ich weiß nicht, wie lang oder wie kurz ich geschlafen habe. Und da redet der Opa nach wie vor. Und ich glaube zuerst, dass er noch immer von diesem Mann auf den Schienen spricht. Aber irgendetwas kann da nicht stimmen.

Ich hab ihn doch gerngehabt, sagt er, den großen Buben … Ich hab doch so viel Freude gehabt mit ihm … Als er auf die Welt gekommen ist, da war nicht viel zu essen im Haus … Aber ich hab eine Flasche Wein gekauft, und wir haben das gefeiert.

Und dann ist er herangewachsen, und ich war stolz auf ihn … Obwohl er viel Blödsinn gemacht hat – er war halt ein Rotzbub … Und ein richtiger Dickschädel ist er gewesen … Aber vielleicht, so der Opa, habe er ihn gerade deswegen so sehr geliebt.

Sagt er wirklich *geliebt*? Ist das ein Wort, das ihm über die Lippen kommt? Oder lege ich ihm dieses Wort in den Mund? Es kommt mir jedenfalls so vor, ich habe es so im Ohr. Und es geht mir ja darum, sage ich zu der jungen Frau mit dem Mikro, das Wesentliche wiederzugeben, nicht nur die sogenannte Wirklichkeit.

Er hat ihn geliebt, sagt der Großvater – und jetzt begreife ich, dass er von seinem Sohn Rudi redet. Meinem Onkel, der ich nie kennengelernt habe, aber der mir immer wieder in den Sinn kommt. Wer sein Kind liebt, der schlägt es, sagt der Großvater, ja, das habe er damals für richtig gehalten. Erst recht im Jahr '36, als sich der Bub in den Kopf gesetzt hat, hinunter nach Spanien zu gehen – stimmt, da war er schon achtzehn, aber damals war man erst mit einundzwanzig großjährig – nach Spanien, um gegen Franco zu kämpfen, bist du übergeschnappt?

In den Bürgerkrieg ziehen, in ein fremdes Land … Wir haben schon unseren eigenen Bürgerkrieg gehabt … Vier Tage nur, aber die haben gereicht … Mir jedenfalls haben sie gereicht, ich war froh, dass ich davongekommen bin, was ich gesehen hab, das hab ich gesehen.

Aber dann, vier Jahre später, haben sie ihm doch noch ein Gewehr umgehängt … Und er hat nach Russland marschieren müssen, bis nach Stalingrad … Manchmal denk ich, es wär ihm lieber gewesen, dort unten in Spanien ins Gras zu beißen, statt dort oben an der Wolga … Aber dort war vielleicht gar kein Gras mehr, nur dreckiger Schnee. Und der Boden darunter hartgefroren.

Heute Nacht habe ich wieder von San Quirico geträumt. Ich bin auf der Terrasse gestanden und habe hinunter in den Giardino geschaut. Und ringsum über die weite Dachlandschaft. Das ist eigentlich unglaublich, habe ich im Traum gedacht.

Dass wir jetzt wirklich wieder hier sind (dort sind). Die Hecken und Beete des Gartens waren sehr grün, die Dachziegel waren sehr rot. Meist träume ich schwarzweiß, aber dieser Traum war ein Farbtraum. Das Hügelland jenseits der Gartenmauer: wie auf einem Bild von Leonardo da Vinci.

Auch akustisch ein sehr intensiver Traum. Das Läuten der Kirchenglocken und die Jagdschreie der Schwalben. Und die Stimme der alten Frau, die durch die schmale Gasse zwischen der Terrasse und dem Giardino geht. Wie schön, habe ich im Traum gedacht, dass sie immer noch lebt.

Theo, ruft sie nach wie vor, Theo, dove sei, vieni qui! Lang hab ich geglaubt, dass es diesen Theo nicht mehr gibt, dass sie mit diesem Namen eine längst verstorbene Katze ruft. Doch dann, eines Tages, habe ich von unserer Terrasse aus gesehen, wie ein getigerter Kater aus einer Lücke in der Parkmauer schlüpft und eifrig hinter ihr herläuft. Wahrscheinlich war das nicht Theo der Erste, vermutlich heißen bei dieser alten Frau alle Katzen, die sie im Lauf ihres langen Lebens gefüttert hat, Theo, aber auch das ist ein tröstlicher Gedanke.

XI

ICH LEHNTE am Fenster und schrieb in ein ganz neues Heft. Die Katze saß auf dem Fensterbrett neben mir. Sie sah eine Weile zu, wie sich der Bleistift in meiner Hand bewegte. Aber nach und nach wurde ihr das anscheinend langweilig, und sie interessierte sich für etwas anderes.

Vielleicht waren die Tauben auf dem Dach des *Capitol-Kinos* wieder einmal besonders aktiv. Oder vielleicht flogen ein paar Maikäfer vorbei. Ja, das kann sein, die waren ja damals noch nicht ganz ausgerottet. Und ich glaube, es war tatsächlich Mai.

Aber ich achtete kaum auf solche Nebensachen. Zu vertieft war ich in die Geschichte, an der ich schrieb. Das Schreiben dieser Geschichte war jetzt die Hauptsache. Vermutlich war sie von Karl May inspiriert und sehr spannend, aber ich kann mich absolut nicht an sie erinnern.

Totales Blackout. Wahrscheinlich infolge des Schrecks, der mich plötzlich erfasst hat. Im ersten Moment weiß ich noch gar nicht, *was* mich so erschreckt. Aber dann wird es mir bewusst: – Wo ist denn die Katze? Und jetzt sehe ich sie ganz außen auf dem Sims, so weit draußen hab ich sie noch nie gesehen, dort, wo das Sims einen Knick hat, und danach hängt es nur mehr abschüssig in die Tiefe.

So weit hat sie sich noch nie vorgewagt. Und nun versucht sie offenbar umzukehren. Aber das hätte sie sich früher überlegen müssen, jetzt ist es zu spät. Schon muss ich mit ansehen, wie sie ins Rutschen kommt, höre noch das Kratzen der Krallen auf dem Blech, und dann ist sie verschwunden.

Und nun stelle ich mir schon vor, wie sie fällt. Falle im Geist mit ihr, in ihrem Fell, in ihrer Haut. Meine Seele im biegsamen Körper der Katze. Weiß, dass ich mich jetzt schnell drehen und wenden muss, um auf meinen vier Pfoten aufzukommen, aber dazu wäre es womöglich besser, aus einem höheren Stockwerk gefallen zu sein, denn die Distanz zwischen dem Sims im Mezzanin und dem Gehsteig unten in der Hainburger Straße ist fatal kurz. Und folglich die Zeit, die mir bleibt, die Zeit, die mir gegeben war. Nur noch ein paar Sekunden, Sekundenbruchteile. Zehntelsekunden, Hundertstelsekunden, Tausendstelsekunden. Aber die erlebe ich wie in Zeitlupe.

Wirf die Katz, wie du willst, sie fällt immer auf die Füß', heißt es. Doch stimmt das wirklich, kann man sich darauf verlassen? Durch Murlis Augen, ihre gelben, fast goldgelben Augen, sehe ich sieben Katzenleben an mir vorbeiziehen. Denn wahrscheinlich hat sie dieses beneidenswerte Guthaben nun doch schon verbraucht.

Und dann?, fragt die junge Frau mit dem Mikro. Das muss doch ein Schock für Sie gewesen sein!

War es auch, sage ich. Und es hätte ein Trauma daraus werden können. Aber die Katze hat diesen Sturz überlebt. Sie ist auf dem Rücken der Hausmeisterin gelandet.

Nein!

Doch, doch. Das ist die erfreuliche Wahrheit. Vermutlich hätte Murli den Sturz auch überlebt, wenn sie *auf dem Gehsteig* gelandet wäre. So tief war der Sturz aus dem Mezzanin, in dem wir damals gewohnt haben, ja Gott sei Dank nicht. Aber dass ausgerechnet in diesem Moment die Hausmeisterin unter unserem Fenster gestanden ist und mit irgendwelchen Frauen aus der Nachbarschaft getratscht hat, war natürlich Glück.

Glück für die Katze. Weniger Glück für die Frau Neubauer. Die hat einen Schrei getan. Stellen Sie sich das vor! Die Katze Murli war ja nicht schwer. Aber infolge der Fallgeschwindigkeit ist sie natürlich mit einer gewissen Wucht dahergekommen. Und völlig unversehens. Mit so was rechnet ja niemand. Also der Schreck! Und die Krallen der Katze, die in dieser Stresssituation offenbar ausgefahren waren. Allerdings war die Landung auf dem Rücken der Frau Neubauer nur eine Zwischenlandung. Mit einem Sprung war Murli auf dem Gehsteig, und – husch! – so schnell konnten die erschrockenen Frauen gar nicht schauen – verschwand sie schon um die Ecke zur Keinergasse und rettete sich ins Haustor.

Und das haben Sie alles von oben gesehen?

Na ja, sage ich. Vielleicht nicht alles. Aber ich hab es mir wiederholt ausgemalt. Und die Frau Neubauer hat ja davon erzählt. Bestimmt erfuhr es die Keinergasse bis hinauf zum Herz-Jesu-Kloster und die Hainburger Straße bis hinunter zum Kardinal-Nagl-Park.

Das Viech vom Fotografen, erzählte sie, immer noch oder immer aufs Neue außer Atem, sei ihr auf den Rücken gefallen. Genau, sagte sie, dieses schwarze Katzenviech! Und statt auf den Rücken sagte sie wahrscheinlich auf den *Buckel*. Der Schlag hätt mich treffen können, sagte sie, und dieser Gedanke war ja nicht ganz abwegig.

Jedenfalls war ihr Rücken total zerkratzt. Das graue Hauskleid (das Graue-Maus-Kleid, wie es mein Vater nannte), dieses sackförmige Kleid, das sie so gut wie immer trug, war zwar aus grobem Stoff, aber gegen in Panik ausgefahrene Katzenkrallen war das kein zureichender Schutz. Blutig zerkratzt sei ihr Rücken gewesen, erzählte die Frau Neubauer. Sie habe eine halbe Flasche Jod aus der Hausapotheke gebraucht, um das zu desinfizieren.

Sie könnte Schmerzensgeld verlangen, sagte die Frau Neubauer.

Wissen Sie was?, sagte mein Vater. Ich mach ein paar schöne Fotos von Ihnen!

Darauf reagierte die Frau Neubauer aber empört. Jetzt kommen Sie mir nicht mit so was daher! Das fehlt noch!

Wie Eva und ich das Meer endlich doch noch fanden. Ja, ich erinnere mich. Wir waren von der Hauptstraße, auf der wir vom Norden nach Süden gefahren waren, abgebogen. Oder waren wir schon auf der Rückfahrt und fuhren vom Süden nach Norden? So oder so waren wir abgebogen, entweder nach rechts oder, falls wir schon auf der Rückfahrt waren, nach links, und fuhren dann auf einem zwischen hohen Schilf- oder Bambusstauden, durch die wir sonst nicht viel oder fast nichts von der Gegend sehen konnten, immer schmaleren Weg, der nach und nach immer holpriger wurde, immer weiter und weiter, wir wollten, oder nein, wir konnten gar nicht umkehren, denn es gab keine Wendestelle.

Ab und zu tauchen an dem Stück Himmel, das wir aus dieser Position sehen können, große Vögel auf, vielleicht Störche – oder sind es Reiher? Schön, wie gelassen sie die Flügel bewegen. Manchmal sehe ich weiter oben ein Flugzeug, das einen weißen Kondensstreifen hinter sich herzieht. Der Himmel ist blau, aber nicht tiefblau, gleichzeitig durchsichtig und undurchschaubar.

Und dann – erinnerst Du Dich? – dann kommt auf einmal die Spitze dieses Leuchtturms ins Bild. Eigentlich ist das keine Spitze, sondern eher eine Art Helm, der in der Sonne glänzt. Dunkles Metall (Kupfer?), darunter Glas oder Plexiglas. Der Raum dahinter heißt, glaube ich, Laternendeck, aber wir sehen keine Laterne.

Das ist jedoch unerheblich, es ist ja noch Tag. War es nicht doch schon gegen Abend?, sinniert Eva. Wie dem auch sei, die enge Schilfstraße ist dann bald zu Ende. Und nun öffnet sich der Platz, auf dem dieser Leuchtturm steht, ein Platz, bedeckt von rotem Sand, den der Wind da und dort ein wenig aufwirbelt, und wir können das Auto, den Leihwagen, parken, wo wir wollen, denn da ist außer uns niemand, auch kein Leuchtturmwärter, da sind nur wir und die Möwen, und die Möwen schreien und kreisen über den Klippen, zu denen es nun nur mehr ein paar Schritte sind, zu einer von Klippen umrahmten Bucht, und das Gefieder der Möwen, Hunderter Möwen, glänzt in der noch hoch oder meinetwegen auch schon etwas tiefer stehenden Sonne, aber unten schäumt auf jeden Fall das Meer.

Aber das war ein anderes Meer, sagt Eva. In einem anderen Land. Und zu einer anderen Zeit.

Na und?, sage ich. Welches Meer das war, ist sekundär. Hauptsache ist, wir sind dort angelangt.

Sehr früh bin ich heute erwacht. Vor dem Hoffenster herrscht noch Halbdunkel. Was hat mich geweckt, was war das? … Ein dumpfes Poltern … Aber nur kurz. Das war nicht die Müllabfuhr … Eva schläft fest. Die Katze liegt auf dem Gipfel ihrer Hüfte.

Die beiden haben anscheinend nichts gehört. Habe ich dieses Poltern nur geträumt? Schon möglich. Aber ich habe es immer noch im Ohr. Und kann nicht mehr einschlafen. Es irritiert mich nach wie vor.

Ich stehe auf, schlüpfe in den Schlafrock und gehe ins straßenseitige Zimmer. Ich öffne das Fenster und schaue hinaus: dichter Nebel. Und die Luft, die hereinkommt, ist kühl und feucht. Vielleicht sollte ich zurück ins Zimmer gehen und mir ein Halstuch umbinden.

Aber da ist etwas, das mich am Fenster hält. Irgendetwas da draußen, da drüben, ist anders. Etwas fehlt. Kann das sein? Ich bin mir nicht sicher, ob ich nicht nur bloß schlecht sehe. So früh am Morgen. Ich bin immer noch ein bisschen schlaftrunken.

Dann hebt sich der Nebel, und die ersten Sonnenstrahlen fallen in die Schulgasse. Der Gehsteig gegenüber liegt zwar immer noch im Schatten, aber jetzt sehe ich, was passiert ist. Das Einbahnzeichen ist offenbar angefahren worden. Es steht jetzt ganz schief. Fast liegt es. Der Pfeil zeigt gegen Himmel.

Soll ich das als gutes oder als fragwürdiges Omen auffassen? Vielleicht sollte ich auf jeden Fall ein Gedicht darüber schreiben. Ja, gewiss, das könnte ich tun, das kann ich. Aber zuerst gehe ich in die Küche und mache mir ein Frühstück.